Kulinarische Streifzüge durch die Toskana

Hans Joachim Döbbelin

Kulinarische Streifzüge durch die Toskana

Mit 75 Rezepten,
exklusiv fotografiert
für dieses Buch
von
Hans Joachim Döbbelin

SIGLOCH EDITION

Zur Abbildung auf Seite 2:
Landschaft bei Fonterútoli in Chianti, im Dunst Siena.

Rechts: Es ist immer wieder ein Genuß, mit den Augen die Farben der toskanischen Landschaft aufzunehmen, die Weinstöcke mit dem frischen Grün, die Zypressen mit ihrem dunkleren, satteren Grün und die silbriggrünen Olivenbäume zu sehen, die im Wechsel mit den Weinstöcken gepflanzt sind – eine für die Toskana typische und für Italien einzigartige Kombination.

D-7118 Künzelsau. Verlagsleitung: Hans Kalis

Redaktion und Herstellung: Sigloch Edition, Künzelsau
Reproduktion: Otterbach Repro, Rastatt
Satz: Setzerei Lihs, Ludwigsburg
Druck: W. Kohlhammer, Stuttgart
Papier: 135 g/qm BVS der Papierfabrik Scheufelen, Lenningen
Bindearbeiten: Sigloch Buchbinderei, Künzelsau
ISBN 3 8003 0294 2

Toskanischer Abend

Wir schauen über die Gärten, gackernde Hühner, eine Tenne und verstreute Bauernhäuser hinaus auf die Landschaft; die Hügel, die sich bis in die blaue Ferne immer wieder überschneiden und wie die gemalte Perspektive eines Trecento-Bildes sich schließlich auflösen, als stammten ihre Gesetze nicht von der Natur, sondern von einem Maler.

Gerade noch sichtbar auf dem hellen Horizont der massige Umriß des Monte Amiata mit seiner Vulkangesteinskappe. Weinreben auf den Terrassen, von grünsilbrigen Oliven unterbrochen oder in langen Linien über die weichen Hänge kunstvoll gepflanzt. Auf einem Hügel eine Häusergruppe, grau-ockriger Naturstein, dazwischen ein Turm, vollendet wie auf der Kuppe gewachsen.

Ein sanft geschwungener Weg, von schwarzen Zypressen begleitet, als Linie, die Landschaft und Häuser mit dem weiß-grau-blauen Himmel verflicht. Schirmpinien und Zypressen im Wechsel zeichnen ihre Silhouette über dem Horizont in den Abendhimmel. Es ist eine gestaltete Landschaft, von Bauernhänden über Jahrtausende kultiviert, mit Weinbergen und Oliven, Korn, Gemüse, Lavendel und Rosmarin: eine Kulturlandschaft.

Weit übers Tal, vor den dunklen Colline Metallifere, zwischen den Türmen von San Gimignano, erscheinen die ersten Lichter: eine Landschaft, von Menschen geprägt.

Ein Kuckuck probiert noch zweimal seinen Balzruf, das Upup, Upup des Wiedehopfs klingt wie fernes Lachen, ein Hund eröffnet die abendliche Bellkette von Hof zu Hof. Das macht die atmende Stille noch deutlicher. Aus den Kellerfenstern streift der kühle Duft des Weines und mischt sich mit den lauen Abendwinden voller Aromen, von reifem Korn, würziger Nepitella und dem warmen Macchiawald. In einem Augenblick fliegen Hunderte von leuchtenden Johanniskäfern zwischen Reben, Safran und Artischocken.

Eine Landschaft außerhalb der Zeit?

Die Höfe stehen auf den Hügeln, in den Gärten wird mit fleißiger Hand und viel Gartenverstand Gemüse kultiviert, Wein und Korn wachsen und werden geerntet.

Im Winter 1984 sind etwa 80 Prozent aller Olivenbäume erfroren. Jetzt strecken sie nicht mehr ihre knorrigen schwarzen Äste mit den verdorrten Blättern in den Raum. Jahrhundertealte Bäume wurden für den Kamin zersägt, neue Schosse treiben aus den Wurzelstöcken. Die toskanischen Bauern leben mit der Realität der Natur, bescheiden und voller Einsicht in Werden, Wachsen und Vergehen. Voller Verachtung für allen Firlefanz erzeugen sie, wie ihre Vorfahren, einfach Qualität. Sie gilt viel mehr als Quantität. Auch bei Essen und Trinken können wir das erleben und lernen.

Die etruskische Lebensfreude findet hier Ausdruck in einem fröhlichen Bankett. Durch Grabmalereien ist uns überliefert, wie der Speiseplan einstmals in der Toskana aussah: nicht viel anders als heute.

Geschichte einer Kulturlandschaft

Schon früh, bereits in der Bronzezeit, wurden in den Colline Metallifere, den „erztragenden Bergen" zwischen Arno und Amiata-Massiv, Metallerze abgebaut. Mykenische Schiffe segelten seit 1400 v. Chr. über die Meerenge von Messina bis vor La Spezia zum Erwerb der begehrten Erze und vielleicht zum Tauschhandel mit den fremden Gewürzen des Orients. Noch heute sagt der Name des Hafens Piombino deutlich aus, woher er stammt, *piombo* heißt nämlich Blei.

Zwischen Tiber und Tyrrhenischem Meer breitete sich dann im 9. und 8. vorchristlichen Jahrhundert die Villanova-Kultur aus. Ihre Siedlungen sind oft die Vorgänger späterer etruskischer Städte. Zwar waren Architektur und Kunst noch bescheiden, aber alle Zeichen deuten auf eine bereits gut entwickelte Land- und Viehwirtschaft. Wie heute noch lagen die Siedlungen auf Bergkuppen oder an den Flüssen, in den Tälern.

Mit dieser eisenzeitlichen Kultur trafen die Etrurier zusammen. Die Römer nannten sie *Tusci.* Und daraus entstand der Name der Landschaft, *Toskana.* Wir wissen nicht genau, ob diese „Tusci" tatsächlich aus Kleinasien kamen oder ob sie sich aus einem einheimischen Stamm weiterentwickelten. Zwar können wir ihre Schrift lesen, aber wir verstehen ihre Sprache heute noch nicht. Sie müssen eine hohe politische und organisatorische Begabung besessen haben. Von ihnen stammen fast alle Ideen zur Verwaltung eines Staatswesens, die wir später bei den Römern bewundern. Sie gründeten autonome Städte, schlossen sie zu einem lockeren Städtebund zusammen, ähnlich der griechischen Polis, sicherten durch den Bau einer Flotte das fruchtbare Schwemmland der Maremmen entlang der Küste von Pisa bis Cerveteri und nützten die heimischen Erzlager geschickt aus. Durch die Anlage von Straßen förderten sie Handel und Wandel, und weit wichtiger: Sie führten keine Kriege untereinander. Alle Kräfte konnten sich auf Entwicklung und Stärkung von Wirtschaft, Kunst, Handwerk und Landwirtschaft konzentrieren. So entstand im 7. und 6. vorchristlichen Jahrhundert eine Kultur, die weit über das mitteleuropäische Niveau der Zeit hinausragte, und eine Wirtschaftsmacht, die mit der ganzen damals bekannten antiken Welt Handel trieb.

Eine großartige Entwicklung eigenständiger etruskischer Plastik, kraftvoller Architektur, von Kunsthandwerk und feinem Schmuck übertraf alles, was es bis dahin in Italien gegeben hatte. Zuerst wurden Plastiken, Schmuckkeramik und Kunsthandwerk aus den künstlerischen Zentren des antiken Griechenlands importiert. Dann setzte die eigene Entwicklung ein, die natürlich über den ganzen Formenschatz der Antike von Griechenland und Kleinasien verfügte. Den imitierte sie allerdings nur am Anfang. Trotz aller Einflüsse der antiken Welt stellten die Etrusker in ihrer bildenden Kunst immer mehr äußere Anmut und maßvollen Ausdruck dar, ja, das Persönliche, eher Intime, das Subjektive einer Situation. Die Römer übernahmen viele Merkmale der etruskischen Kunstauffassung. Daraus entwickelte sich die römische Portraitplastik als frühes Zeichen einer Individuation, die im nördlichen Teil Europas erst in der späten Gotik und mit dem darauf folgenden Humanismus Raum gewann.

Vieles vom Leben der Etrusker kennen wir aus der Grabmalerei. Anhand der Bilder können wir ihr Leben vor rund 2500 Jahren noch heute nachvollziehen. Damals beschäftigte sich die aristokratische Oberschicht wohl vornehmlich mit Jagd und Fischerei, sie veranstaltete Wettkämpfe und traf sich bei Banketten. Das Volk muß über ein ausgezeichnetes handwerkliches Können verfügt haben. Ein wichtiger soziologischer Unterschied zu Griechen und Römern ist die Gleichstellung der Frau, die auch bei Banketten und Trinkgelagen zusammen mit den Männern dargestellt und häufig durch Zeichen besonderer Wertschätzung hervorgehoben wird. In den Malereien und Reliefplastiken ist die Heiterkeit des Lebens in dieser Kultur ein besonders auffallender Zug.

Mit der etruskischen Küche beschäftigt sich besonders die Malerei der Tomba Golini I. von Orvieto. Wir sehen die gesamten Vorbereitungsarbeiten für ein Bankett, das frisch geschlachtete, aufgehängte Fleisch, das Vorbereiten der Speisen, die Lebensmittel wie Fladenbrot, Eier, Trauben und Granatäpfel, Diener, die das Fleisch zerteilen, Köche mit Pfannen am Ofen und schließlich das Festessen. Männer und Frauen liegen gemeinsam auf der Kline zum Essen und Trinken. In verschiedenen anderen Gräbern entdecken wir als Gerichte bei den Gelagen gegrilltes Schweinefleisch, Rindersteaks, Hühner und Traubenkuchen, alles Gerichte, die in der Toskana noch heute zum Alltag gehören.

Die Etrusker sehen Stadt und Land als Einheit. Neu an der etruskischen politischen Vorstellung war auch, daß Stadt und Umland eine Verwaltungseinheit bildeten. Durch den Wohlstand und Reichtum der Städte gediehen auch die Landwirtschaft und mit ihr das Entstehen einer vom Menschen kultivierten Landschaft, einer Kulturlandschaft. Der Pflug mit Halte- und Lenkgriff war bereits bekannt. An Pfeilerreliefs erkennen wir viele Arbeitsgeräte aus Haus- und Landwirtschaft wie Hacke, Haumesser, Seile, Schöpfkellen, Siebe und Quirle.

In dieser Zeit wurden die Sümpfe der Maremmen zum ersten Mal trockengelegt. Das ausgeprägte Miteinander von Stadt und Land ist bis heute ein bezeichnendes Merkmal des toskanischen Lebens geblieben. Überhaupt meine ich zuweilen, daß der etruskische Einfluß auf Kultur und Lebensart in der Toskana noch heute wirkt. Auch die Faszination der Sienesen für Pferde scheint mir aus diesen tiefen, unergründeten Quellen zu stammen. Die ersten Kulturspuren, die einer Landschaft eingedrückt wurden, sind in Generationen nicht zu löschen. Ihre geheimnisvolle Kraft wirkt immer weiter.

Während vieler Jahrhunderte inspirierte sie die Maler, heute regt sie Touristen zum Auslösen der Kameras an – unverändert ist die außergewöhnliche Schönheit der Garten- und Kulturlandschaft Toskana.

Einen wichtigen Schritt vorwärts in der Entwicklung bewirkten die Klostergründungen vom 8. bis 13. Jahrhundert, z.B. San Salvatore am Monte Amiata und Sant' Antimo bei Montalcino.

Besonders die Benediktiner leisteten wertvolle Vorarbeiten für den Landbau auf den meist kargen Böden und führten Saatgut und Gewürzpflanzen aus ihren Stammklöstern in die Toskana ein.

Um 1000 n. Chr. wurden die großen Landgüter der geistlichen und weltlichen Feudalherren in kleinere *poderi* geteilt, aus den vordem leibeigenen, unfreien Bauern wurden *mezzadri,* Halbpächter.

Auch die Städte erhielten wieder ihre Autonomie, und ihre Bürger wählten frei in Volksversammlungen ihre Beamten, entschieden über Bündnisse, über Krieg und Frieden. Wie bereits bei den Etruskern dehnten die Städte ihre Herrschaftsgebiete auf das benachbarte Land *(contado)* aus. Mittelpunkt aber blieben die Städte. In ihnen regierte die Verwaltung, hier wurde Recht gesprochen. Das durch Eroberung und Kauf von benachbarten Städten immer mächtigere Florenz erhielt eine Vormachtstellung, nicht nur politisch und wirtschaftlich, auch kulturell.

Das Großbürgertum dort pflegte gut zu leben und zu essen. Sehr genau informieren uns darüber die Haupt- und Geschäftsbücher sowie die private und geschäftliche Korrespon-

Zweimal im Jahr findet in Siena der palio *statt, das große Pferderennen, bei dem die Contraden der Stadtbezirke Sienas gegeneinander antreten. Ein Umzug in prächtigen Kostümen mit vielen Fahnenschwingern geht dem Pferderennen voraus, begleitet vom Wirbel der Trommeln.*

denz von Francesco di Marco Datini, einem Kaufmann, der von 1335 bis 1410 in Prato und Florenz lebte. Seine exakten Aufzeichnungen, die Einkaufslisten oder Dankesbriefe von Gästen geben uns ein genaues Bild der Zeit. Der Freund Domenico di Cambio dankt ihm für die Gastfreundschaft, die er seiner Frau und Tochter gewährt hatte, so: „Ihr habt sie so reichlich und köstlich bewirtet, daß ich sie erst wieder an den eigenen Kochtopf gewöhnen muß, nachdem sie acht Tage wie bei einem Hochzeitsmahl verbracht haben."

Zu Datinis Zeit gab es im allgemeinen nur zwei Mahlzeiten am Tag, *il desinare* und *la cena,* das Mittag- und das Abendessen. Daran hat sich bis heute nicht viel geändert, nur die Stunde. Das Mittagessen nahm man zwischen 9 und 10 Uhr, das Abendessen nach Sonnenuntergang ein. Und ein Zeitgenosse Datinis, Paolo da Certaldo, mahnte: „Richte es so ein, daß du am Tag nicht öfter als zweimal ißt, am Vormittag und am Abend. Und trinke nur zu den Mahlzeiten; und wenn du es so hältst, wirst du gesund bleiben. Die ganze Zeit essen, heißt leben wie das Vieh." Und weiter: „Koche nur einmal am Tag, nämlich am Vormittag, und trage das Vorgekochte am Abend auf …" Die letzte Empfehlung hat im Chianti mit der *ribollita,* der wiederaufgekochten Gemüse-Brot-Suppe, eine gute Tradition aus der Zeit und wird noch heute beherzigt. Sicher gab es damals einen beträchtlichen Unterschied zwischen der *cucina ricca* (der Küche der Reichen) in den Städten bei Großbürgertum und Adel und der *cucina povera* (der Küche der Armen) auf dem Land bei Bauern und kleinen Gutsbesitzern.

In den Einkaufslisten Datinis können wir die wichtigsten Nahrungsmittel im Florenz des 14. und 15. Jahrhunderts finden: Weizenbrot, Nudeln, das Fleisch von Huhn, Kapaun, Perlhuhn, Kalb, Schwein, Zicklein, Lamm und Hammel sowie alle Arten von Wildbret, wie Rotwild, Wildschwein, Hase und Fasan. Am beliebtesten, wie heute noch, war Kalbfleisch. Rindfleisch gab es nur sehr selten und immer gekocht *(lesso).* Die meisterwähnten Fische sind Aal, Hecht, Schleie, Hering und Thunfisch, seltener Forelle. Besonders wichtig waren die frischen Gemüse, möglichst vom eigenen Garten oder Gut, so Spinat, Mangold, gelbe und weiße Rüben, Lauch, Zwiebeln, Knoblauch, Kichererbsen und Bohnen. Daneben gab es vielerlei Wildgemüse von den Feldern und Weinbergterrassen, auch Waldpilze und weiße Trüffel. Außerordentliche Bedeutung hatten die Gewürze. Je teurer sie waren, um so besser. Pfeffer und Safran, Nelke, Zimt und Ingwer waren neben allen frischen Gartenkräutern besonders wichtig. Nach den überlieferten Rezepten waren die meisten Gerichte mit Zutaten überfrachtet und überwürzt. Lesen wir noch ein Rezept für Hühnerbrühe aus einem berühmten Kochbuch des 14. Jahrhunderts, *libro di cucina:* „Wenn du Hühnerbrühe zubereiten willst, nimm junges Geflügel und koche es, nimm geschälte Mandeln, mahle sie, mische sie mit der Hühnerbrühe, mit Rosenwasser und Essig. Dann nimm Ingwer und Zimt und Nelke, die Hälfte davon gerieben, die andere Hälfte sehr fein geschnitten, rühre sie in die Brühe und koche alles zusammen durch. Wenn man sich zu Tisch setzt, lege die Fleischstücke in die Brühe und achte darauf, daß sie gut durchziehen und heiß sind. Und wenn du servierst, streue Zucker über die Schüsseln. Und es wird ein gut gelungenes Gericht sein." Und schließlich folgt noch der Rat: „Füge in jede Sauce, Tunke, Brühe etliche wertvolle Zutaten wie Gold, Edelsteine und feine Gewürze." Ob wir Heutigen es auch als gut gelungenes Gericht bezeichnen würden, wenn es uns vorgesetzt würde?

Das heute eher bescheiden anmutende Bauerndorf Monteriggione war im Mittelalter durch seine günstige Lage einer der strategisch wichtigsten Vorposten Sienas im Kampf gegen Florenz. Eine 570 Meter lange Ringmauer umschließt das Dorf mit den 14 Türmen, Wahrzeichen früherer Größe.

Zypressen und Ölbäume, erstmals in etruskischer Zeit angebaut, prägen seit Jahrhunderten das Erscheinungsbild der Toskana.

Sicher mußten die Gewürze häufig den Hautgout des Fleisches übertönen, aber ebenso sicher ist, daß Gewürze einfach ein Zeichen von Vermögen und Wohlstand waren. Wie aus dem Vorschlag des „libro di cucina" zu ersehen ist, wurden sie als gleichwertig mit Gold und Edelsteinen angesehen.

Ein sehr treuer und guter Freund von Francesco di Marco Datini, Ser Lapo Mazzei, war trotz seiner Bildung und eines hohen Amtes ein bescheidener Mann geblieben. Als Francesco ihm eine reichliche Menge Perlhühner geschickt hatte, schrieb er: „Ihr laßt mich ja nicht in Ruhe mit Euren Perlhühnern und anderen Sachen, die ich weiß Gott nicht gern sehe, auch wegen der Kosten. Es ist mir kein Genuß, so viel auf einmal zu vertilgen, und ich möchte sie auch nicht einfach anderen Feinschmeckern schicken, und sie zu verkaufen, schmerzt meine Seele … Wenn Ihr gewöhnliche Dinge habt, wie für Bauern, werde ich sie gerne annehmen; aber um Gottes Willen streicht mich von der Liste der Freunde, denen Ihr glaubt diese Vögel schenken zu müssen."

Da klingen ganz neue Töne an, die auf einen Umbruch des Zeitgeistes schließen lassen. Der Freund Mazzei war ein typischer Toskaner, einer der kommenden neuen Menschen der eben beginnenden Renaissance, der die einfachen Produkte, den eigenen Wein seines Landgutes Grignano und ein maßvolles Leben allem städtischen Treiben vorzog.

Und der Wein? Für den eigenen Wein unterhielten Datini und Lapo Mazzei Weinberge an den Pistoieser Hängen. Die Freunde tranken den funkelnden Carmignano, Trebbiano, einen einfachen Weißwein. Vernazza und Greco waren bekannt, beides süßere Weine, die als besonders fein für Herren galten. Und zum ersten Mal taucht in Datinis Briefen der Name „Chianti" für einen Rotwein aus dem Tal von Greve auf, wenngleich es sich natürlich nicht um den Wein handeln konnte, den wir heute unter diesem Namen kennen.

Der Freund Lapo Mazzei sorgte sich vor allem auch um Francesco, wenn er wieder einmal krank darnieder lag, und schickte ihm allsogleich eine Flasche vom besten Roten. Dazu schrieb er: „Ihr benötigt keinen anderen Arzt, um wieder zu Kräften zu kommen. Trinkt ihn vor, während und nach der Mahlzeit, das heißt, wenn Ihr vom Tisch aufsteht." Das Trinken nach der Mahlzeit ist ein Rat, der nur in kranken Tagen gelten konnte. Denn damals wie heute heißt es in der Toskana: „Wer nach Tisch noch Wein trinkt, ist ein Säufer."

Als größte Leistung entwickelte sich im Florenz der Medici durch philosophische und theologische Strömungen, die wir insgesamt als Renaissance bezeichnen, der moderne Mensch. Er trat aus dem Nebel der mittelalterlichen Befangenheit und Gebundenheit heraus. Die nüchterne, objektive Betrachtung der Politik, des Gemeinwesens und vieler Dinge dieser Welt entsprach diesem Denken. Es entstanden die exakten Naturwissenschaften. Und gleichzeitig wurde der subjektive Mensch geboren, nicht mehr nur als Glied einer Völkergruppe oder Standesschicht, sondern als einzigartiges, geistiges Individuum – und dieser Mensch verstand sich auch so. Das war der Beginn der Neuzeit.

Dieser moderne, freier denkende und bewußter empfindende Mensch gewann ein völlig neues Verhältnis zu Natur und Landschaft. Da ihn nicht mehr eine unerforschliche Natur bedrohte wie den befangenen mittelalterlichen Menschen, vermochte er sich darin zu bewegen, ja sich wohlzufühlen. So können wir verstehen, daß im 14. und 15. Jahrhundert in der toskanischen Malerei die Darstellung der schönen Naturlandschaft und der topografisch richtigen Landschaft erfunden wurde, und zwar im Siena des 14. und 15. Jahrhunderts. Die neuen naturwissenschaftlichen Erkenntnisse wollten auch dargestellt werden. Erst jetzt gibt es wirkliche Naturstudien, die nicht hauptsächlich ästhetischen oder symbolischen Wert, sondern praktischen Charakter haben, nämlich Herbarien und Pflanzenbücher. Sie sind deutlich sichtbar zum Kennenlernen und zur Nutzung der dargestellten Heilpflanzen oder Gemüse gedacht. Und in den topografisch richtig dargestellten Bergen, Flüssen, Castellen und Städten der Bilder gingen die Leute mit den Augen spazieren, wie jetzt erst auch in der wirklichen Natur, mit Auge, Ohr und Nase, um diese Landschaft, diesen Garten zu entdecken und voller Freude darin zu leben. Ambrogio Lorenzettis riesiges, wandfüllendes Bild über „Die Wirkungen der guten Regierung in Stadt und Land" (1337–1339) im Palazzo Communale von Siena ist dafür ein treffliches Beispiel.

Für das 16. Jahrhundert müssen wir noch eine Geschichte notieren, die immer wieder berichtet wird, wenn die französische und italienische Küche gegeneinander abgewogen werden. Caterina de' Medici, die lebensfrohe Tochter von Lorenzo Il Magnifico, reiste als Braut von Heinrich von Orleans 1533 nach Frankreich. Sie mußte schon erfahren haben,

daß es damals mit der französischen Küche nicht zum besten stand. So nahm sie als Mitgift eine ganze Brigade Köche und Zuckerbäcker aus Florenz mit. Der Bräutigam wurde als Heinrich II. König von Frankreich, und die Mitgift seiner florentinischen Frau, die toskanischen Köche, legten vielleicht das Fundament für die große französische Küche, die dann eine gute eigene Entwicklung durchlief. Erst in unseren Tagen griffen die großen Köche auf die alten toskanischen Grundlagen zurück, auf Gartenfrische und gesunde, leichte Kost und nannten es „nouvelle cuisine". Die Neue Küche hat sicher viele Elemente aus der toskanischen, und sie bewahrt natürlich trotzdem viele Feinheiten der französischen Küche, wie z. B. die Kunst der Saucen.

Zwei sehr wichtige Zutaten der toskanischen Küche, die Tomate und die weißen oder dikken Bohnen, sind, gemessen an der langen Geschichte, sehr junge Zutaten.

Papst Clemens VII. aus dem Hause der Medici erhielt die dicken weißen Bohnen von Kaiser Karl V. anläßlich der Kaiserkrönung in Bologna im Februar 1530 als Geschenk. Die Weltumsegler und Conquistatoren des spanischen Stammlandes des Kaisers hatten die fremden Früchte von ihren Reisen aus Südamerika mitgebracht. Papst Clemens VII. schenkte sie weiter an seine florentinischen Landsleute.

Die Tomate kam, wie die weiße Bohne, aus der Neuen Welt. Zuerst pflanzten sie wahrscheinlich die Neapolitaner. Von dort aus er-

Florenz zu besuchen und den einmaligen Blick vom Piazzale Michelangelo aus über die Stadt zu genießen, ist immer noch ein einzigartiges Erlebnis.

reichte das Nachtschattengewächs die Toskana. Heute gehören beide, Tomaten und dicke weiße Bohnen, in jeden toskanischen Garten.

Die Toskana ist ein Gartenland. Selbst die großen Weinberge und Olivenhaine zwischen Pisa und Lucca oder Florenz und Siena sehen wie Gärten aus, mit Calendula, schlanken Gladiolen, dem seltenen, köstlichen Wildspargel und unzähligen Iris. Und manchmal steht am Anfang jeder Rebzeile eine Rose. An den alten Terrassenkulturen ist abzulesen, daß der Gartenbau und die Landschaftspflege hier eine jahrtausendealte Tradition haben, nicht nur die Kunstwerke, die Kirchen und Klöster, Paläste und Plätze, Skulpturen und Brunnen.

Deshalb wurden bis in unsere Zeit hinein alle Monokulturen vermieden. In den *vigneti promiscue* standen zwischen den Reben die Olivenbäume, beide fördern sich gegenseitig. Selbst Korn wurde in den Olivenhainen oder den breiten Rebgassen angebaut. Das schont nicht nur den Humus der Anbaufläche, sondern verbessert auch die Geschmacksfülle der geernteten Früchte. Erst in den letzten Jahren

Impressionen aus der Toskana – überall ist die mächtige und großartige Vergangenheit wahrzunehmen, die das noch heute spürbare Selbstvertrauen der Toskaner begründete.

entstanden die endlosen Rebanlagen als *vigneti spezzializati* mit all den Problemen der Anfälligkeit für Krankheiten und Schädlinge. Die Toskana ist nicht das südliche Land mit Wärme, Wasser und üppiger, sich ständig selbst erneuernder Bodenfruchtbarkeit. Und die Hügellandschaft erleichtert die Arbeit der Bauern nicht gerade. Es gibt kaum große Flächen, und in den höheren Lagen des Chianti, der Colline Metallifere und des Apennin sind die Böden erst durch die Arbeit von Generationen kultiviert worden. Nur im Süden von Siena, in den Crete, den Lehmbergen, gibt es riesige Getreidefelder. Dort ist die Kornkammer der Toskana, dort werden Durum-Weizen, Weichweizen, Mais und Sonnenblumen angebaut, neuerdings auch Soja. Die Sonnenblume ersetzt in den tieferen Lagen häufig die Olivenhaine, deren Pflege, das Schneiden, Bodenlockern, Düngen und die Ernte der Oliven sehr arbeitsaufwendig sind, abgesehen von der hohen Frostempfindlichkeit.

Es gibt also nicht allzu viele toskanische Landwirtschaftsprodukte, die sich in großem Stil erzeugen lassen – und für Milchwirtschaft wächst in den heißen, trockenen Sommermonaten einfach zu wenig Grünfutter. Mit einer Ausnahme: Im Chiana-Tal werden die riesigen weißen Rinder der Chianina-Rasse als Fleischtiere gezüchtet. Ihr Fleisch ist das Rohprodukt für die *bistecca fiorentina.* Auf den mageren Weideflächen der Hochlagen finden nur Schafe genug Futter.

Fast jede toskanische Familie oder Großfamilie (manchmal auf dem Land mit 20–25 Personen) pflanzt das eigene Gemüse im Garten, dem *orto,* in dem wirklich nur Salat, Gemüse und Gewürze angebaut werden. Der Blumen- und Staudengarten heißt *giardino* und ist eher bei Palästen, bei den Herrenhäusern der großen Güter oder auf einem Beet vor der Haustür zu finden.

Der Gemüsegarten ist der wichtigste Lieferant für die häusliche Küche. Er liefert, was die Jahreszeiten zu bieten haben, und sein Ertrag ist für die Ernährung der Familie viel wichtiger als etwa der Einkauf beim Fleischer. Das Gespür eines Toskaners für die natürliche Frische, für eine echte Qualität des selbsterzeugten Gemüses, für seinen Duft, das Aroma sind immer wieder überraschend. Nur mit dieser hohen Qualität der Grundmaterialien, den vielen Gartenkräutern, der sorgfältigen Zubereitung und der praktischen Phantasie ist der hohe Reiz dieser schlichten Bauernküche zu verstehen. Wie Malerei, Architektur und Plastik der Toskana verzichtet sie auf alles Überflüssige, wie jede klare Komposition ist sie überschaubar, verständlich und zu erlernen. Aber sie setzt ein Verhältnis zur ursprünglichen Qualität der Rohprodukte voraus, eine Lust am Erkennen, am Essen überhaupt und Begabung zur Lebensfreude. Diese leichte Küche ohne alle schweren Fette hält beweglich, ermüdet im heißen Sommer nicht, macht Appetit durch ihre vielfältigen Gewürze, in deren Verwendung sicher die Erfahrung von vielen Generationen steckt, und sie regt natürlich an zu immer neuen Kombinationsmöglichkeiten.

Panforte, die wichtigste und köstlichste Spezialität Sienas, ist wie unser heimischer Lebkuchen ein Gebäck mit langer Geschichte und tieferer, nämlich religiöser Bedeutung. Hauptbestandteile der kalorienreichen Nascherei sind Honig, Zucker, getrocknete Früchte und Nüsse. Früher verschenkten die Sienesen Panforte zu Weihnachten, heute ist er das ganze Jahr über zu haben. Da sich der Honigkuchen, der zwischen großen Oblaten gebacken wird, monatelang hält, können Sie ihn ohne Probleme als kulinarische Kostprobe nach Hause mitnehmen.

Cucina ricca – cucina povera: Küche der Reichen – Küche der Armen

Das Essen der *contadini,* der Bauern, und das der *padrone,* der Gutsherren, hatte die gleichen Grundprodukte, und sie wurden von beiden Ständen mit gleicher Sorgfalt ausgewählt. Castracani sagt einmal: „Der Arme ißt, wann er kann, der Reiche, wann er will." Der eine konnte häufiger und ausgiebiger essen, vielfältiger zusammengestellt, der andere nicht so oft. Auch die Rezepte waren die gleichen. Aber Fleischgerichte, die in der *cucina povera* Festtagsessen waren, gab es bei der anderen täglich, für die Bauern war das Gemüse Hauptgericht, bei der *cucina ricca* Beilage. Der Wein zum täglichen Essen ist keine Frage von Reichtum oder Armut, er gehörte und gehört zum Essen wie das tägliche Brot.

Weinstöcke hatte fast jeder Haushalt auf dem Lande, der Wein wurde im Haus gekeltert und ausgebaut. Er gehörte eben dazu. Vielleicht kommt daher auch der selbstverständlichere und zurückhaltendere Umgang damit. In der Toskana findet sich kaum einmal ein Mensch, der zuviel getrunken hätte.

Das Frühstück, *prima colazione,* nach deutscher oder gar englischer Art gleich nach dem Aufstehen, ist bei den Toskanern in der Stadt völlig unbekannt. Allenfalls schiebt man einen Zwieback oder ein kleines Gebäckstück in den Mund und verläßt das Haus zur Arbeit. Der Schluck Kaffee *(un po'di cafè)* wird etwas später in der Bar nachgeholt. Kinder trinken vor der Schule eine Tasse Milch oder Tee, dazu ein Stückchen Kuchen oder *biscotti,* kleines süßes Gebäck. Schon im 14. Jahrhundert empfahlen die Ärzte gegen die Pest: „Zünde jeden Morgen, bevor du ausgehst, das Feuer an und nimm etwas zu dir – je nachdem, was dein Magen verträgt, ein Stück Brot oder ein halbes Glas Wein ..." Und Domenico di Cambio brüstet sich: „Ich esse jeden Morgen geröstete Kastanien, bevor ich aus dem Haus gehe", und setzt gleich hinzu, „das ist nur deswegen so, weil meine Frau mich verwöhnt."

Auf dem Land, z.B. im Chianti, gab es gleich nach dem Aufstehen eine Tasse dunklen Gerstenkaffee. Dazu wurde Brot, hauptsächlich für Frauen und Kinder, über dem Kaminfeuer geröstet und eingetunkt. Die Männer begnügten sich mit einem Schluck dunklem Kornkaffee oder einem Stück Brot und einem Becher Wein. Das richtige Frühstück, *colazione,* das wir Vesper nennen, gab es später, für die Bauern im Weinberg, auf dem Feld für die Hirten beim Hüten, etwa nach dem halben Vormittag. Es wurde von zu Hause mitgenommen oder je nach der Tagesarbeit daheim gegessen, z.B. *ribollita,* die Gemüse-Brot-Suppe, an einem Feldfeuer im Tontopf angewärmt und mit Olivenöl gewürzt. Oder einfach ein Stück Brot mit Käse, Schweinswürstchen, Blutwurst oder Preßsack, manchmal auch nur Nüsse und getrocknete Feigen, im Sommer einfach frisches, junges Gemüse als *pinzimonio* oder *panzanella.*

Wenn die Mittagsglocke läutete, wurde auf dem Lande *la desina,* ein einfaches Mittagessen, eingenommen, Brot mit Salami, mit Pecorino, Nüssen, Trauben und Brot.

Heute findet das richtige Mittagessen, *il pranzo,* etwa zwischen ein und drei Uhr statt. Bei den Städtern ist es ja das erste richtige Essen des Tages. Im Restaurant ist es ein ausgiebiges Essen mit mindestens vier Gängen. Auch daheim werden mindestens zwei Gänge gereicht.

So sieht die richtige Reihenfolge aus:

1. **Antipasti,** die Vorspeise: z.B. Crostini, Salami e prosciutto mit Artischocken, Oliven.
2. **Primo,** eigentlich das „Erste": Zwischengericht, z.B. alle Nudelgerichte, ribollita, Suppen, Risotti.
3. **Secondo,** eigentlich das „Zweite": Hauptgericht, z.B. alle Fleischgerichte, Fisch, Wild. Im Restaurant werden die Beilagen, Salat oder Kartoffeln fast immer separat bestellt.
4. **Dessert:** Zuerst wird Käse serviert, fast immer Pecorino in unterschiedlichen Reifestufen, dann das, was wir Dessert nennen, *dolce,* das Süße, z.B. Eis, Panforte, verschiedene Kuchen, torte di frutta.
5. **Cafè:** Espresso.

Am späten Nachmittag gegen 5 Uhr aßen die Bauern noch einmal, wirklich nur eine Kleinigkeit, *la merenda,* z.B. Brot, Zwiebeln und Salz, ein Marmeladenbrot oder das Brot mit Tomate, Salz, Pfeffer und Olivenöl.

Das Abendessen, *la cena,* ist die Hauptmahlzeit im Kreis der ganzen Familie. Es wird fast immer warm gegessen, nur im heißen Sommer vielleicht einmal frische Salate, kaltes Fleisch und Früchte. Das Abendessen beginnt nie vor 20 Uhr, im Sommer eher später.

Es gilt dieselbe Abfolge wie für das Mittagessen.

Auch die Reiseandenken sind oft noch handwerklich gefertigte Gebrauchsgegenstände aus natürlichem Material wie Holz und Ton.

7,000

Le materie prime – die Grundzutaten

Da die Zubereitung in der toskanischen Küche ohne alle Schnörkel und Phantastereien, klar, einsichtig und phantasievoll erfolgt, sind Qualität und Frische der Zutaten besonders wichtig.

Wer toskanisch kochen will, muß mit Kennerschaft einkaufen. Dazu beschreiben wir auf den folgenden Seiten wichtige Grundzutaten wie Öl, Wein, Gemüse, Teigwaren, Fleisch und Gewürze.

Das Olivenöl: Olio Extra Vergine

Olivenöl ist ein Konzentrat der Sonne in den kleinen dunklen Früchten der Bäume. Seine gespeicherte Energie gibt es durch die Verwendung als Lebensmittel an unseren Körper weiter. Durch seine leichte Verdaulichkeit haftet ihm nicht die Schwere der tierischen Fette an. Schließlich ist Olivenöl ein Gewürz, das Fleisch, Fisch, Gemüse und Nudeln erst das volle, runde Aroma verleiht und den Eigengeschmack fördert.

In der Toskana werden fast überall Oliven angebaut. Zwei Landschaften sind jedoch berühmt für ihr Olivenöl, die Gegend um Lucca und das Chiantigebiet. Beide Öle sind von sehr guter Qualtiät. Das von Lucca ist etwas fetter, das aus dem Chianti schmeckt fruchtiger und scheint leichter, eleganter zu sein.

Olio Extra Vergine d'Oliva wird aus den Früchten des Ölbaumes (Olea Europea) gewonnen. Der Ur-Olivenbaum stammt sicher aus Kleinasien. Über Griechenland kam er nach Italien. Heute gibt es rund 30 verschiedene Olivenbaum-Arten mit unterschiedlichen Früchten, kleinen zur Ölgewinnung, großen zum Essen, eingelegt in Salzlake oder in Gewürze. Die großen Oliven enthalten meist weniger Öl, und es ist auch oftmals von minderer Qualität.

Olivenbäume gedeihen am besten ab 300 Meter über dem Meeresspiegel auf kargen, kalkigen Böden mit guter Sonne. Üppige Böden in sehr heißen Landschaften geringer Höhe über dem Meer schützen zwar vor Frost, aber Gebirgszonen mit Wechselklima, tagsüber heiß, nachts kühl, verbessern die Aromastoffe. Die Früchte der Olivenarten zur Ölgewinnung sind klein. Sie enthalten bis zu 22 Prozent Öl. In gemischten Anlagen mit Reben entwickelt sich der Charakter des Öls besonders gut und unterstützt auch die Reben, da Ölbaum und Weinrebe eine besonders gute und gedeihliche Lebensgemeinschaft bilden. Diese alte Erkenntnis wird auch durch moderne Forschungen bestätigt. Die gemischte Anpflanzung ist zwar nicht die wirtschaftlichste Art, Oliven anzubauen, aber sicherlich ist es eine Kulturmaßnahme, die auf natürliche Weise das Entstehen des aromatisch-fruchtigen Geschmackes guten Olivenöls fördert, sie entspricht auch am ehesten toskanischen Qualitätsvorstellungen und der Landschaftspflege. Olivenbäume tragen etwa vom zehnten Jahr an über 250 Jahre, und zwar jedes zweite Jahr. Dazu müssen die Bäume, oder in einigen modernen Anlagen auch die Sträucher, jedes Jahr geschnitten werden, das alte Holz wird entfernt, die zweijährigen Triebe bleiben für die Früchte, die einjährigen für den Ertrag des kommenden Jahres stehen.

Die Olivenbäume blühen zwischen Mai und Juni, je nach Lage und Klima, mit sehr kleinen, unscheinbaren Blüten von einem gelbgrünen Weiß. Die Bestäubung erfolgt durch den Wind.

Viele Blüten fallen im Laufe des Sommers wieder ab, aus etwa 200 Blüten wachsen nur fünf Olivenfrüchte.

Sie haben Ende Oktober ihre volle Größe erreicht und zeigen ihre Reife durch den Farbwechsel von Grün nach Schwarzlila.

In hohen Lagen sind die Oliven auch weitgehend vor der Olivenfliege sicher, die nur in

Olivenöl, das heilige Öl – olio santo *– stand schon bei Etruskern und den nachfolgenden Römern in hoher Gunst. Sie verwendeten es als Heilmittel bei Krankheiten, als Brennstoff für Lampen – und als Jungbrunnen, um die Mißlichkeiten des Alters hinauszuzögern, ebenso auch für die Schönheitspflege. Das „jungfräuliche" Olivenöl,* Olio Extra Vergine, *ist heute nicht mehr aus der toskanischen Küche wegzudenken. Sein spezifischer Geschmack verfeinert jedes Gericht, auch wenn man oft nur einige Tropfen über einen Salat oder eine Vorspeise gibt.*

tiefer gelegenen Gegenden gedeiht, in höheren Lagen aber nicht überlebt.

Damit der zarte, leichte Geschmack des Öls erhalten bleibt, werden Oliven am besten von Hand geerntet. Durch Herunterschlagen oder Schütteln der empfindlichen Oliven in ausgebreitete Tücher können die Früchte verletzt werden. Und dann fermentieren sie, wie Fallobst, an den Druck- und Schlagstellen. Dadurch kann der zart-nussige Geschmack des Öls intensiv herb werden.

Die Olivenernte beginnt kurz vor der Reife im Dezember und dauert bis Ende Januar. Es werden also zum Teil noch grüne, nicht ganz reife und vollreife, fast schwarze Früchte geerntet. Durch die grünen Früchte wird das Olivenöl etwas leichter, eleganter, weniger fett. Nach der Ernte läßt man die reifen, durch die Handlese unverletzten Früchte nur ganz kurz abtrocknen. Dann ist schnelle Verarbeitung entscheidend für die Qualität. Auf einer Natursteinmühle wird das Fruchtfleisch vorsichtig gemahlen, ohne die Kerne zu zerkleinern. Die Fruchtfleisch-Paste wird auf Strohmatten aufgetragen, die Matten übereinandergeschichtet.

Durch vorsichtiges, langsames Pressen läuft bei dieser „ersten Pressung“ das dickflüssige grüne „Jungfern-Öl“ *(Olio Extra Vergine),* noch mit Fruchtwasser vermischt, ab. Der ganze Vorgang erfolgt ohne jede Anwendung von Wärme oder Hitze. Die erste Pressung von Olio Extra Vergine ist also eine schonende Kaltpressung.

Durch Zentrifugieren werden Öl und Fruchtwasser voneinander getrennt. Das reine Olivenöl wird nicht mehr filtriert. Es ist in den ersten Monaten nach der Ernte hellgrün trüb und wird später, wenn sich die Schwebestoffe aus Fruchtfleisch abgesetzt haben, dunkelgrün und klar.

Olivenöl wird wie in der Antike in großen Tongefäßen mit mehreren hundert Litern Inhalt gelagert. Diese Tongefäße, *orci,* stehen in kühlen, nur mäßig hellen Räumen. So reift das Öl am besten aus, gewinnt an Eigengeschmack und behält sein zartes Aroma.

Während dieser Zeit (etwa 2–3 Monate) muß das junge Olivenöl jeden Monat einmal umgesetzt werden, von einem Tongefäß in ein anderes. Dabei bleibt ein Bodensatz von Fruchtfleisch zurück.

Der Erzeuger prüft das Öl immer wieder auf den Geschmack, indem er ein Stück ungesalzenes Weißbrot mit dem jungen Olivenöl übergießt und verkostet.

Das *Consorzio Olio Extra Vergine di Oliva, Zona Chianti Classico,* kontrolliert nach jeder Ernte von jedem Mitglied die Qualität des Öls. Öle, die in Qualität und Säuregehalt den strengen Anforderungen entsprechen, erhalten eine numerierte Qualitätsmarke.

Nur Olivenöl mit einem Säuregehalt unter 1 % darf die Bezeichnung *„Extra Vergine“* tragen. Öle mit 1,0–1,5 % Säuregehalt heißen *„Soprafino Vergine“,* darüber bis 3 % Säuregehalt *„Fino Vergine“.*

Gutes Olivenöl darf nicht am hellen Tageslicht und nicht im Kühlschrank gelagert werden. Die Flasche sollte immer verschlossen sein. Ohne Luftzutritt, in der ganz aufgefüllten Flasche, hält Olivenöl 2–3 Jahre.

Wenn nach der Ernte und dem Pressen im Februar das neue Öl, *olio nuovo,* in den großen Ton-Amphoren ruht, ist die richtige Zeit für *fettunta.* Man sitzt um den Küchenkamin, röstet Brot, würzt es mit Knoblauch und Salz, gießt schließlich einen reichlichen Strahl Olivenöl darauf. Dazu probieren wir den jungen Wein vom vergangenen Herbst.

Vom toskanischen Wein

Der Jesuit Francesco Gaudentio schrieb um 1700 ein interessantes Kochbuch mit dem Titel „Il panunto toscano“. Es ist bezeichnend, daß sein Vorwort mit zwei Worten endet:

Vivi felice – Lebt glücklich!

Es ist eine Aufforderung zur Lebensfreude, die uns Germanen nördlich der Alpen zu dieser Zeit doch recht fremd gewesen wäre – ja vielleicht heute noch ist.

So üppige Olivenernten wie vor dem großen Frost von 1985 wird es erst in 10 bis 12 Jahren wieder geben.
Nächste Doppelseite: Bei toskanischen Weinen hat der Genießer die Qual der Wahl.

Bei den Toskanern können wir, auch in den einfachen Dingen des Lebens, davon lernen. Wenn Sie das beim Kochen und Trinken empfinden, ist für den Autor viel gewonnen. Daß diese leise Kunst der Lebensfreude auch einen tieferen Sinn für die Erfüllung unseres Lebens haben kann, lesen wir beim Psalmisten, der wie ein Toskaner spricht:

„Und das der Wein erfrewe des Menschen hertz
und seine Gestalt schön werde vom Öle.
Und das Brot des Menschen herzt stercke."
(Luther-Übersetzung, 104. Psalm)

Der Wein erfreue des Menschen Herz! Er bildet Gliederung der Landschaft, Charakter des Bodens und der Gesteine, Kraft und Wechsel der Sonne und des Regens mit den Jahreszeiten noch einmal nach in seinem charaktervollen Bukett, dem ausgeprägten Aroma, dem vollen, runden Geschmack. Genauso wie toskanisches Essen ist toskanischer Wein Grund zur Lebensfreude.

In einer einfachen Trattoria, Osteria oder dem kleinen Ristorante gibt es einen offenen roten oder weißen Tischwein, der in einem Krug oder einer Bastflasche serviert wird. Er ist fast immer sauber, manchmal etwas mostig und bäuerlich-derb.

LE TERRAZZE DEL CASTELLO
I SODI DI S.NICCOLO
1983
CASTELLARE
CHIANTI CLASSICO
CASTAGNOLI
0,75 LITRI
AVIGNONESI
Vin Santo di Pietrafitta
FATTORIA DI PIETRAFITTA
SAN GIMIGNANO (ITALIA)
VINO DA TAVOLA
1982
1979
Villa di Capezzana
Carmignano
RISERVA 1983
CONTE CONTINI BONACOSSI
CARMIGNANO · ITALIA
LA RISERVA PRODOTTA IN QUESTA ANNATA
E DI N° 97200 BOTTIGLIE
QUESTA BOTTIGLIA PORTA IL N°
1981
MARCA PROPRIA
MONTALCINO-ITALIA

1984
Chianti
CASTELLO DI VOLPAIA
Chianti Classico
CASTELLO DI QUERCETO
Chianti Classico
1985
1983
Castellare
VINO DA TAVOLA
1985
TIGNANELLO
1979
1981
BRUNELLO DI MONTALCINO
NARDI
FATTORIA CASALE DEL BOSCO
SILVIO NARDI
MONTALCINO - ITALIA
VAL DI SUGA
BRUNELLO DI MONTALCINO
ANNATA 1980
PODERI EMILIO COSTANTI VITICULTORE
BRUNELLO DI MONTALCINO
13,5 vol
1984 RISERVA
VERNACCIA DI SAN GIMIGNANO
DENOMINAZIONE DI ORIGINE CONTROLLATA
FATTORIA DI PIETRAFITTA
SAN GIMIGNANO ITALIA
SASSICAIA
1980
TENUTA SAN GUIDO
BOLGHERI

Auffallend ist, wieviel große Rotweine in der Toskana ihre Heimat haben. Wir beschreiben hier nur kurz die wichtigsten.

Chianti ist der bekannteste Name. Was früher in dem viel besungenen, bastumflochtenen *fiascho* als frischer, lustiger Wein galt, hat sich in vielen Privatgütern heute zum großen Rotwein entwickelt. Zu den Zonen des Chianti zählen: *Chianti Classico, Chianti Colli Aretini, Chianti Colli Fiorentini, Chianti Colli Pisane, Chianti Montalbono, Chianti Rufina.* In allen diesen Gebieten werden gute Weine erzeugt.

Die wichtigsten Rebsorten sind: *Sangioveto, Canaiolo, Trebbiano toscano* und *Malvasia del Chianti,* wobei die beiden letzten (weißen) Trauben immer mehr zurückgenommen werden. Die Zone des **Chianti Classico** ist indessen das alte, klassische Herzstück zwischen Florenz und Siena mit den Gemeinden Castellina, Radda und Gaiole. Die Qualität der Weine wird durch das *Consorzio Gallo Nero* kontrolliert und mit der Marke des schwarzen Hahns bezeichnet.

Normaler Chianti darf nicht vor März des der Ernte folgenden Jahres in den Handel kommen, *vecchio* muß zwei Jahre im Faß reifen, *riserva* drei Jahre.

Der schwarze Hahn garantiert eine bestimmte Mindestqualität. Die seit 1984 eingeführte DOCG *(Denominazione di Origine Controllata e Garantita)* will noch strenger verfahren. Aber viele Weingüter bezeichnen ihre besten und teuersten Weine nur mit dem einfachen *vino da tavola.*

Gut ausgebaute Weine aus dem Chianti-Classico-Gebiet haben ein feines Stiefmütterchen-Bukett, bei einigen großen Weinen taucht in der Tiefe noch die Fülle der Brombeere und ein Hauch von Iris auf. Der kräftige Tanningehalt junger Chiantis baut beim Älterwerden ab und läßt sie zu wirklich edlen Weinen und guten Begleitern für fast alle toskanischen Spezialitäten werden.

Gute Chianti-Classico-Weine sind nach zwei bis vier Jahren, *vecchio* nach drei bis sieben Jahren und *riserva* nach vier bis acht Jahren ganz ausgereift. In den letzten 10 Jahren erwiesen sich die Ernten von 1977, 1978, 1979, 1980, 1981, 1982, 1983 und 1986 als gute Jahrgänge.

Brunello di Montalcino ist ein sehr langsam reifender, langlebiger und aristokratischer Rotwein, voller Kraft und mit kräftigem Tanningehalt. Seine Heimat ist das etwa 600 Meter hoch gelegene Montalcino im Süden von Siena. Er ist ein Spitzenwein Italiens und wahrscheinlich der teuerste. Brunello wird aus einem Klon der Sangioveto-Rebe, der Sangiovese-grosso-Rebe, gekeltert. Der junge Wein muß vor dem Verkauf vier Jahre in Eichenfässern reifen, die Riserva fünf Jahre. Ab 1980 kann Brunello den DOCG tragen.

Für Wildfasan, Perlhuhn und große Braten ist der Brunello richtig. Der **Vino rosso di Montalcino** ist der kleinere Bruder des Brunello, auch sein Preis ist noch nicht ausgewachsen.

Carmignano wird nur auf rund 100 Hektar Rebfläche, etwa 25 Kilometer nordwestlich von Florenz, erzeugt. Er hat ein vornehmes, mildes, trockenes Aroma mit elegantem, blumigem Bukett. Die Hauptrebsorten sind *Sangioveto, Canaiolo* und *Cabernet Sauvignon.* Carmignano wird durch die DOCG ausgezeichnet. Eine jährliche Prüfung durch Experten garantiert die hohe Gleichmäßigkeit dieses leuchtend rubinroten Begleiters für Wildgeflügel und alles gebratene und gegrillte Fleisch.

Vino Nobile di Montepulciano stammt aus den Bergen, die östlich zum Chiana-Tal abfallen und westlich an die Crete bei Pienza anschließen. Vino nobile wurde schon seit dem 17. Jahrhundert vom Adel bevorzugt, daher der Name. Er ist ähnlich dem Chianti zusammengesetzt. Die wichtigste Traubensorte, der *Prugnolo gentile,* ist ein Klon der Sangioveto-Rebe. Bezeichnend für einen gut ausgebauten Wein ist der intensive Duft nach Veilchen und die edle Trockenheit, die allerdings nur den besten Lagen und Erzeugern eigen sind.

Morellino di Scansano heißt ein DOC-Wein aus der Gegend südöstlich von Grosseto. Er erhielt die DOC-Klassifikation erst 1977 und

besteht fast ausschließlich aus Sangiovese-Trauben. Sein üppiges, vielfältiges Bukett, das ausgewogene Aroma und der lange, volle Nachgeschmack zeichnen diese Weine aus.

Weißweine der Toskana sind meist keine großen Weine, aber sie machen Freude durch herbe Spritzigkeit, Fruchtigkeit und Trockenheit. Meist sind sie leicht im Alkoholgehalt. Die empfehlenswerten sind: *Bianco del Chianti, Bianco della Lega, Bianco di Valdinievole, Bianco di Pitigliano* (sehr sauber und fruchtig), *Bianco Vergine della Valdichiana, Galestro, Bianco Pisano San Tropè.*

Die meist verwendeten Traubensorten sind *Trebbiano toscano* und *Malvasia.* Eine Ausnahme macht der *Vernaccia di San Gimignano* mit seinem Feuerstein-Aroma, der ganz aus Vernaccia-Trauben gekeltert wird.

Dessertweine gibt es in der Toskana drei besonders interessante:

Aleatico, aus der alten Aleatico-Traube, von der Insel Elba und der Maremma. Er ist rot, vollmundig und mittlerweile sehr rar.

Moscadello di Montalcino mit Muskatellerduft, süß und perlend, von einigen alten Brunello-Gütern auch mit Muskataroma, still und trocken ausgebaut.

Vin Santo, der in fast jedem toskanischen Weingut aus *Malvasia-* und *Trebbiano-Trauben* nach 2- bis 3monatigem Vortrocknen gekeltert und in kleinen Fässern von 50 bis 100 Liter Inhalt 3 bis 10 Jahre auf dem Dachboden ausgebaut wird. Er ist goldgelb bis ambrafarben und wird zu Gebäck nach dem letzten Gang serviert. Gut paßt er auch zu Fruchtsalaten und zum Aufschlagen von Zabaione.

Das Brot

In vielen Rezepten unseres Toskana-Kochbuchs sind Pasta (Nudeln), Risotto und Polenta zu entdecken. Aber eigentlich essen die Toskaner Brot, immer, zu jedem Essen und in vielen Speisen, bereits mitgekocht oder vor dem Servieren in Schüssel oder Teller gelegt. Brot muß in diesem Land immer auf dem Tisch stehen. Teigwaren, Reis und Polenta kamen später. Zu Anfang war das Brot. Und über Jahrhunderte war das Essen der Bauern auf dem Feld oder im Weinberg *pane e cipolla,* Brot und Zwiebel – oder ein ausgehöhltes Brot und darin Gemüse aus dem Ofen – also schon ein fertiges Essen, Gemüse als Hauptgericht mit Beilage.

Toskanisches Brot ist ungesalzen, hat eine goldbraune Kruste und innen fast gleichmäßig große Poren. Meist in der Form eines Laibes, *pagnotta,* seltener in länglicher Form als *filetto,* wird es täglich früh, direkt beim Bäkker *(fornaio)* oder im Lebensmittelgeschäft gekauft. Toskanisches Brot schmeckt ganz neutral, immer mit dem Aroma von reifem Korn und Backofen. Für Salate, Saucen, Gemüse, Fleisch und Wurst ist es eine ideale Grundlage. Und in jedem Lebensmittelgeschäft wird auf Wunsch ein *panino,* ein Brötchen, aufgeschnitten und mit Salami, Schinken oder Käse belegt.

Kein Wunder, daß der Toskaner pro Jahr ungefähr 74 kg Brot verbraucht. Vor hundert Jahren waren es noch 650 g pro Tag, also im Jahr rund 230 kg. Mit der Erkenntnis, daß die

Brot ist in der Toskana nicht nur Beigabe zu jedem Essen, sondern auch Bestandteil vieler Gerichte.

mediterrane Kost sehr gut verträglich und eine ideale Ernährung gegen Kreislaufschäden und Herzinfarkt ist, steigen Brot und Gemüseverbrauch jetzt wieder.

In der alten, ländlichen Toskana, deren Rezepte und Ernährung wir ja wiederentdecken wollen, war das Brot nie so weiß wie in unseren Tagen fast allgemeiner Wohlhabenheit. Grundmaterial war ein Vollkornmehl aus Weizen mit hohem Glutin- und Zellulosegehalt. Der höhere Anteil an der Getreideschale gab dem Brot die festere Struktur und den volleren Geschmack, das Brot wurde beim Backen knuspriger. Dabei spielte auch ein Anteil Dinkel beim Korn, das Backen im Holzbackofen auf Steinplatten oder Ziegeln und die lange Teigführung, das heißt, das langsame Aufgehen des Teiges durch den Sauerteig, während einer ganzen Nacht eine Rolle. Die Kenntnisse der alten Techniken blieben in der Toskana erhalten. Auf den abgelegenen Höfen backen die Bäuerinnen noch immer im Holzbackofen. Das grobe Vollkornmehl vom eigenen Korn wird nur gesiebt, noch immer kann der Teig viele Stunden gehen und bäckt dann langsam, mit kräftiger, goldfarbener Kruste auf den Ziegeln des Ofens. Wenn der Ofen geöffnet wird, strömt der herrliche Duft des Brotes heraus, einer guten, herzhaften Grundlage für die tägliche

Maccheroni senese

Zutaten für 4 Personen:

500 g Mehl, 4–5 Eier, 1 TL Salz, einige Tropfen Olivenöl

Das Mehl auf ein Nudelbrett oder eine Marmorplatte häufen.
In die Mitte eine Vertiefung drücken, in die die Eier und das Salz gegeben werden. Einige Tropfen Olivenöl machen den Teig geschmeidiger. Etwas Mehl und die Eier mit einer Gabel verrühren, bis der Teig nicht mehr klebt. Das übrige Mehl durch kreisendes Kneten von der Mitte nach außen einarbeiten, weiterkneten, bis der Teig glatt und elastisch ist. Dann in eine runde Form bringen und etwa 10 Minuten ruhen lassen.
Die Teigkugel in 2–3 Stücke teilen, mit dem Wellholz ausrollen, dabei die Teigplatte drehen, so daß sie rund bleibt. Am Schluß den Teig aufs Wellholz wickeln, Mehl dazwischenstreuen und weiterarbeiten, bis die Fläche 4–5 mm dick ist. Schnell die Teigplatte dehnen, bis sie nur noch 2–3 mm dick ist. Auswellen, aufrollen und der Länge nach dehnen. Das fertige Teigblatt etwa 1/2 Stunde abtrocknen lassen, dann aufrollen und in die gewünschte Breite schneiden. Die Nudeln auf einem Tuch locker zum Abtrocknen ausbreiten. Nach frühestens 1/2–1 Stunde können sie gekocht werden.

geistreiche Kombination zweier Gemüsearten, z.B. von grünen Bohnen und Tomaten, von Karotten und Sellerie, von Zucchini und Tomaten.

Die meistservierten Gemüse der Toskana sind:

Artischocken *(carciofi):* Bevorzugt werden die schlanken, kleineren Sorten, z.B. *Violetto di Toscana.*

Blumenkohl *(cavolfiore):* Außer den weißen Sorten gibt es auch sehr schmackhafte leicht violett getönte mit gedrehten Röschen. Toskanische Spezialitäten: Blumenkohl fritiert oder gekocht und mit Sardellen überstreut.

Erbsen *(piselli):* Sie werden bei vielen florentinischen Gerichten bevorzugt. Es sollten immer junge Erbsen sein, die erst kurz vor dem Kochen aus den Schoten gepult werden.

Kartoffeln *(patate)* sind ein wichtiger Bestandteil der Küche. *Patate fritti* sind aber keine Pommes frites, sondern etwas größer geschnittene Stäbchen und immer ganz frisch in Olivenöl fritiert. Länglich geteilte Kartoffeln werden häufig mit dem Braten gegart, dann saugen sie den köstlichen Bratensaft auf.

Mangold *(bietola):* Am bekanntesten ist der Stielmangold. Die kräftigen Blätter werden wie Spinat zubereitet, die Stiele fritiert oder zusammen mit dem Fleisch *(in umido)* gegart.

Karotten *(carote)* werden meist mit wenig Speck, Zwiebeln und Knoblauch geschmort. Besonders wichtig sind sie für das *battuto,* das Röstgemüse für Saucen und Fleisch.

Rote Bete *(barbabietole):* Eine außergewöhnliche Vorspeise: In der eigenen, unverletzten Schale im Backofen etwa 1 Stunde gegart, dann in Scheiben geschnitten. Mit etwas Zitronensaft und Olivenöl beträufeln, Pfeffer darübermahlen und mit gestoßenen Korianderkörnern überstreuen. Etwas hauchdünn geschnittenen Parmesan daraufgeben.

Salat *(insalata):* Es gibt sehr viele Salatarten, z.B. Kopfsalat *(lattuga),* Schnittsalat, den roten Radicchio, Römischen Salat. Häufig werden im Haushalt noch Wildsalate und -kräuter dazu gemischt. Ein toskanisches Sprichwort sagt: „Ohne *selvastrella* gibt's keinen guten Salat." Selvastrella ist eine wilde Pimpinelle. Fast immer wird Blattsalat erst am Tisch gewürzt und angemacht. Dazu ist reichlich das ausgezeichnete *Olio d'Oliva Extra Vergine* (wie bei einem Verschwender) notwendig, sonst noch Salz, Pfeffer, wenig Weinessig (wie bei einem Geizkragen).

Schwarzkohl *(cavolo nero)* ist eine Kohlart, die es in Deutschland nicht gibt. Am ehesten entspricht ihm der Grünkohl. Schwarzkohl sieht sehr dekorativ aus und ist ein wesentlicher Bestandteil der Gemüse- und Brotsuppen.

Sellerie *(sedano):* Das ist Stangen-, Stauden- oder Bleichsellerie. Die Sellerieknolle wird fast überhaupt nicht verwendet. Selleriestangen gehören zu jedem Röstgemüse, zu jedem *pinzimonio,* der Frischgemüse-Vorspeise mit Olivenöl. Schließlich können sie in Mehl und Ei gewendet und fritiert werden.

Spargel *(asparagi)* sind in der Toskana grün. Sie schmecken mehr nach Gemüse und brauchen kaum geschält zu werden. Gekocht werden sie in Salzwasser mit etwas Olivenöl, abgegossen und wieder mit Olivenöl beträufelt, manchmal mit geriebenem Käse überstreut. Wildspargel wachsen auf den Weinbergterrassen. Die etwa bleistiftstarken Stangen

wecken im späten Frühjahr die Sammelleidenschaft. Sie schmecken roh oder gekocht.
Spinat *(spinaci)* ist in der Toskana ein besonders wichtiges Blattgemüse, das als Beilage, gedünstet, als Auflauf oder als Fülle, z. B. mit Ricotta (Quark) verwendet wird. Spinat wird immer als Blattspinat und nicht passiert zubereitet.
Steinpilze *(funghi porcini)* sind eine Leidenschaft der Toskaner. Am besten kommt der feine Geschmack bei der Zubereitung *alla griglia* zur Geltung. Dafür werden nur die Kappen (Hüte) der Pilze auf dem Grill gegart. Die Stiele können dann im Risotto oder in Saucen zur Pasta verwendet werden. Wenn es keine frischen Steinpilze auf dem Markt gibt, eignen sich auch getrocknete.

Die Toskaner haben eine ausgeprägte Leidenschaft für Waldpilze, vor allem Steinpilze, und für frisches Gartengemüse.

Tomaten *(pomodori):* Obwohl sie für uns so typisch italienisch sind, werden Tomaten erst seit der Mitte des 18. Jahrhunderts verwendet. Aber bereits 1586 berichtet Matthioli in seinen „Medici Senensis Commentarii" über diese eigenartige Frucht, die wohl im Gefolge des Kolumbus nach Italien kam. Er nennt sie *mala aurea* (goldenen Apfel), und das heißt auf toskanisch *pomo d'oro.*
Tomate nannten sie wahrscheinlich die Peruaner. Zuerst wurde die Tomate nur als Zierpflanze gezogen. Nach 1785 eroberte sie von Neapel aus die Toskana. Hier unterscheidet man:
Die länglichen Tomaten sind hauptsächlich für Saucen. Sie werden auch als *pomodori pelati* in Dosen angeboten. Die größeren, unrunden Fleischtomaten mit Falten enthalten weniger Flüssigkeit und sind gut für Panzanella oder Peperonata. Die kleinen runden Tomaten *(pomodori bomboloni)* sind besonders intensiv im Geschmack und sehen sehr dekorativ aus.
Für das einfache Vesper, die *merenda,* nehmen die Toskaner gerne ein Stück Brot und eine grüne, große Tomate, gewürzt mit Pfeffer, Salz und Olivenöl. Diese grünen Tomaten sind noch fester und weniger süß im Geschmack.
Wildgemüse *(verdure selvatiche):* Dazu gehören z. B. Rapunzeln, Wildspargel, Löwenzahn (der übrigens *pisciacane* genannt wird), wilde Pimpinelle, Wiesenknopf und Brennessel. Sie spielen mit vielen anderen Wildpflanzen für die toskanische Küche eine große Rolle, und zwar nicht hauptsächlich als gesundes Essen, sondern als genußreiches Essen.

Zucchini kennen auch wir unter diesem Namen in Deutschland. Sie gehören zu den Kürbisgewächsen (*zucca* ist der Kürbis). Im 15. Jahrhundert kamen sie erstmals aus Mexiko nach Europa und wurden zunächst in Italien kultiviert. Von den Zucchini werden die fritierten Blüten als Spezialität gegessen. Beide Gemüse gibt es gefüllt, *ripieno* oder *fritto,* also in Mehl und Ei gewendet und in heißem Öl ausgebacken. Sie haben dann eine Konsistenz wie Kartoffel-Chips.

Zwiebeln *(cipolle)* werden in gewürztem Öl oder Essig als Beilage zur Vorspeise eingelegt, gefüllt als Gemüse oder einfach als herzhaftes Gewürz verwendet. Dafür unterscheiden wir auch verschiedene Zwiebelsorten: kleinere, flache zum Einlegen, große weiße oder rote als Gemüse und die mittelgroßen, scharfen, die als Haushalts- oder Küchenzwiebeln bei uns bekannt sind.

Zubereitungsarten für Gemüse

Aufläufe: *sformati*
In Mehl und Ei gewendet und fritiert: *fritto.*
In Salzwasser blanchiert oder gekocht: *lesso.*
Im Backofen gegart: *al forno.*

Gekochte und im Backofen gegarte Gemüse werden kurz vor dem Anrichten oder am Tisch mit ein paar Tropfen Olivenöl aromatisiert. Aber am allerliebsten essen die Toskaner Gemüse *fritiert,* mit einer dünnen Kruste aus Mehl und zerklopftem Ei, nicht mit einem dicken Ausbackteig.

Wenn das Gemüse zum Hauptgericht wird, was häufig der Fall ist, dann wird es wie Fleisch zubereitet und genauso geschätzt.

Hauptsache für das gute Gelingen und Schmecken von Gemüsegerichten ist gutes Gemüse, auf richtig gepflegtem Boden gewachsen, an der Sonne gereift, in der besten Zeit geerntet und ganz frisch zubereitet.

Fleisch und Würste, Geflügel und Wild

Die Toskana ist von Natur aus nicht so fruchtbar, wie die schöne Landschaft uns glauben macht. Deshalb erzeugt der sehr realistische Toskaner seine Nahrung zuerst nicht durch den Magen des Schweins, sondern ißt Getreide und Gemüse selbst. Erst in zweiter Linie kommen die Tiere als wichtige Proteinerzeuger, kommen das Fleisch und die Fische aus Flüssen, Seen und Meer.

Es wird Fleisch hoher Qualität erzeugt und gegessen, aber vergleichsweise wenig. Auch hier gilt: wenig, aber gut. Die hauptsächlichen Fleischlieferanten sind:

Rind *(manzo, bovino):* Besonders berühmt sind die großrahmigen, weißen Fleischrinder des Chiana-Tals. Sie liefern das hervorragende Fleisch für den Grill und zum Schmoren. Es hat durchaus die gleiche Qualität wie das französische Charolais-Rind. Die *bistecca fiorentina* ist Fleisch von einem reifen, etwa ein Jahr alten Tier, nicht vom Kalb, obwohl das helle Kalbfleisch auch sehr beliebt ist.

Schwein *(maiale)* ist das Fleisch der Bauern. Die mit Mais und Weizen ausgemästeten Tiere mit der dicken Speckschicht schlachtet im Dezember oder Januar der *norcino,* der Hausmetzger, auf dem Hof und verarbeitet sie gleich. Die wertvollen Fleischstücke werden zum Grillen oder Braten hergerichtet, Schinken und Schultern (Schäufele) gepökelt und sehr langsam an der herbfrischen toskanischen Luft getrocknet, ebenso der Bauchspeck. Aus den anderen Teilen entstehen *salame* und *salsicce, soppressata* oder *capofreddo* und aus dem Blut mit Speck *buristo.* Spanferkel mit 40–50 kg Gewicht werden nach dem Schlachten ausgebeint, mit grobem

Das Fleisch für das echte „florentinische Steak", wie man das klangvolle bistecca fiorentina *übersetzen könnte, sollte von den weißen Chianina-Rindern aus dem Chiana-Tal stammen. Heute ist dieses Rindfleisch so begehrt, daß man es wegen der starken Nachfrage nicht mehr überall bekommt, und es wird bevorzugt für* bistecca fiorentina *verwendet.*

Salz, Fenchel, Rosmarin und Knoblauch gewürzt, gebunden und im Backofen oder am Grill gegart. Dieses herzhafte, knusprige Fleischstück heißt *porchetta.* Fast auf jedem Markt oder Fest gibt es das in dünnen Scheiben auf Brot oder Brötchen zu kaufen.

Lamm *(agnello)* wächst auf den mageren, aber sehr würzigen Heideflächen der Hochlagen auf. Das Fleisch ist von hoher Qualität und wird entweder auf dem Grill, fritiert oder als *spezzatino,* eine Art Gulasch, z. B. mit Artischocken, zubereitet. Die Schafe dienen aber hauptsächlich für die Milchproduktion, zur Herstellung von Quark (Ricotta) und Käse (Pecorino).

Kaninchen *(coniglio)* ist das Hauskaninchen, der Stallhase. Es gibt viele Rezepte für dieses helle, sehr schmackhafte Fleisch. Kaninchen wird jung verwendet, so daß das Fleisch noch ganz zart ist. Bei gemischtem Grillfleisch, zum Braten *al forno* gehört es immer dazu. Am besten würzt man mit Knoblauch und Rosmarin. Weißwein oder Rotwein und Tomate runden das Aroma ab.

Geflügel

Hühner *(polli)* rennen auf dem Hof und in den Gärten umher. Der Toskaner legt großen Wert darauf, ein *pollo ruspante,* ein scharrendes, also freilaufendes Huhn in den Topf zu bekommen. Am bekanntesten ist die Hühnerrasse mit gelben Beinen aus Livorno, die dann in Amerika den Namen *Livornese* oder *Leghorn* bekam. Hühner und Hähnchen werden

Toskanische Schafhirten haben ein besonderes Verhältnis zu ihren Schafen, die sie liebevoll betreuen.
Aus Schafsmilch wird der berühmte Pecorino-Käse hergestellt, oft auf den kleinen Höfen des Berglandes.
Eine besondere Spezialität ist der marzolino, *ein kleiner ovaler Käse aus Schafsmilch, der im Chiantigebiet hergestellt wird. Wahrscheinlich ist die Kunst seiner Herstellung bereits uralt. Während der Reifung wird die Rinde mit Olivenöl eingepinselt. Wer den unvergleichlichen Geschmack gekostet hat, versteht, warum die toskanischen Schafhirten so viel Aufhebens um ihre Schafe machen!*

nicht ganz jung geschlachtet. Das reife Tier schmeckt saftiger und hat ein besseres Aroma. Durch das freie Herumlaufen ist die Muskulatur kräftiger, ohne zäh zu werden. Das *pollo ruspante* entspricht so sehr der toskanischen Qualitätsvorstellung, daß ein tüchtiger junger Mann, ein *ragazzo su gambe* manchmal sogar *su gambe gialle* genannt wird, also ein Kerl, der auf den gelben Beinen steht.

Für Hühner gibt es sehr viele Rezepte. Geschätzt wird vor allem das gegrillte und geschmorte Fleisch.

Das junge Huhn heißt *pollastra,* das junge Hähnchen *pollastro.*

Perlhuhn *(faraona):* Der Name sagt schon: das Tier des Pharao. Perlhühner wurden bereits im alten Ägypten als Haustiere gehalten. Ihre Zucht ist sehr schwierig, weil die Tiere noch immer wild sind – und nach Wild schmeckt auch das dunklere Fleisch, eher wie Fasan. Deshalb sind sie in der Toskana sehr beliebt. Perlhühner werden etwa 1 kg schwer und können nach allen Rezepten für Hühner oder Fasan zubereitet werden. Besonders delikat schmeckt Perlhuhn im eigenen Saft, nach dem Rezept *faraona dei mattonai.*

Taube *(piccione)* ist die Haustaube. Junge Tiere werden geschmort oder gegrillt. Beide Male ist es wichtig, daß das Brustfleisch mit Speck eingebunden wird. So verhindert man, daß es beim Braten oder Grillen zu trocken wird.

Truthahn oder **Puter** *(tacchino)* wird meist nur in Teilen verwendet, da die gezüchteten Tiere außerordentlich groß und schwer sind. Vor allem Truthahnbrust ist eine beliebte Zubereitungsart.

Ente *(anitra),* nach dem berühmten Rezept mit Orangen zubereitet, ist toskanischen Ursprungs und nicht etwa aus Frankreich. Es reiste erst mit Caterina de' Medici nach Frankreich und wurde vorher schon im berühmten Kochbuch „Libro di cucina del Trecento" beschrieben.

Wild

Im Herbst, zur Jagdzeit, wenn fast alle Toskaner an den erlaubten Tagen zur Jagd gehen, kommen vor allem Fasan, Hase und Wildschwein zur Strecke.

Die toskanische Küche bevorzugt Wild wegen seines mageren Fleisches.

Fasan *(fagiano):* gefüllt oder nur mit Bauchspeck umbunden, gegrillt oder gebraten.

Hase *(lepre):* fast ausschließlich für ein hervorragendes Ragout zu *Pasta sulla lepre.*

Wildschwein *(cinghiale)* erlaubt viele Zubereitungsarten, vom Grill, geschmort und ebenfalls als herzhaftes Ragout für Teigwaren. Vom Wildschwein werden auch Schinken und Salsicce hergestellt, die es in wenigen, speziellen Läden im Chianti und der Maremma zu kaufen gibt.

Aus der reichhaltigen toskanischen Fleisch- und Wurstküche liegen hier im Vordergrund (von links nach rechts):
Schweinenacken (capomagro), *Preßsack* (soppressato, capofreddo), *Schweinenacken* (capocollo) *und Blutwurst* (buristo), *davor Bauchspeck* (pancetta).
Aufgehängt sind: zweierlei Salamisorten (salame *und* salamino toscano), *Würstchen vom Wildschwein* (salsicce di cinghiale), *Schweinswürstchen* (salsicce), *Schinken* (prosciutto toscano) *und Fenchelsalami* (finochiona).

Fische und Meerestiere

Wir unterteilen sie am besten nach ihrer Herkunft aus Flüssen und Seen zum einen und aus dem Meer. Angeln wird ungefähr mit der gleichen Leidenschaft wie Jagen und schon von jung an gepflegt. Beim Reisen sehen wir immer viele Toskaner an den Ufern fischen.

Der wichtigste Süßwasserfisch ist die **Forelle** *(trota)*. Sie wird hauptsächlich gegrillt.

Zwischen Meer und Süßwasser schwimmen die **Glasaale** *(cée)*. Das sind die jungen 6 bis 8 Zentimeter langen Aale, wurmartig und durchsichtig. Im April/Mai erreichen sie vom Ort ihrer Vermehrung aus über das Meer die tyrrhenische Küste und wandern die Flüsse hinauf. Erst am Ende ihrer Wanderung beginnen sie richtig zu wachsen. Die weiblichen Aale werden bis 6 Kilogramm schwer, die männlichen höchstens ein halbes Kilo.

Der **Aal** *(anguilla)* ist also ein Süßwassertier, das erst mit der Geschlechtsreife wieder zur Vermehrung ins Meer zieht.

Für beide Aal-Arten gibt es eine Vielzahl von Rezepten, fritiert, geschmort oder gebacken.

Meerestiere

Dazu gehören:
die **Tintenfische** *(calamari, seppie)*,
der **Krake** *(polpo* oder der kleinere *polipetto)*,
die **St.-Jakobs-Muschel** *(cape sante)* und
die **Miesmuschel** *(vongole)*,
ferner die **Garnelen** *(gamberi)*.

Ganz links: Fischer im Hafen von Livorno. Wenn man sich, vom Innern der Toskana kommend, der Küste nähert, stehen immer öfter Fische auf der Speisekarte. An der Küste gibt es vielerorts nur auf Fischgerichte spezialisierte Restaurants, in denen alle Meerestiere angeboten werden, soviel das Herz begehrt, und die Fischmärkte in den Fischerdörfern quellen über vor fangfrischer Ware. Was bei uns im Norden eher als Arme-Leute-Essen angesehen wird, ist in der Toskana eine besondere Spezialität: Stockfisch. Es lohnt sich, baccalà *oder* stoccafissa *einmal zu versuchen.*

Links: Die gleiche Sorgfalt, mit der die toskanischen Hausfrauen alle anderen frischen Lebensmittel auswählen, wenden sie selbstverständlich auch beim Einkauf von Fischen an, hier in Pistoia.

Daraus können Salate, Gerichte mit Füllung, fritierte Meerestiere oder z. B. *spaghetti al cartoccio* zubereitet werden. Es ist sehr wichtig, daß alle Meerestiere ganz frisch verarbeitet werden. Deshalb ißt man diese Gerichte auch besonders gut in den Fischereihäfen wie Pisa, Livorno und Viareggio.

Meeresfische

Sie gehören zur leichten toskanischen Kost. Und durch die eigene Küste wird immer frisch für die Küche geliefert. Einige Arten gibt es auch bei uns auf den Fischmärkten oder bei Fischhändlern in frischer Qualität.

Die wichtigsten Arten sind:

Goldbrasse *(orata):* Sie eignet sich besonders gut zum Grillen oder Garen in der Folie.

Meerbarbe *(triglie):* Zum Dünsten oder Schmoren. Größere Exemplare auch zum Grillen.

Sardinen *(sardine):* Kleinere Fische, die gebraten oder in Saucen gut schmecken.

Sardellen *(acciughe):* Für pikante kalte Saucen, zum Beispiel *acciughe al prezzemolo* (Rezept Seite 52) oder zum Überstreuen von Gemüsen.

Seezunge *(sogliola):* Ein sehr edler Fisch, zum Braten der ganzen Fische oder zum Dünsten der Filets in einer leichten Weinsauce. Seezunge ist in der Toskana sehr beliebt.

Schließlich werden noch häufig **Stockfisch** *(stoccafisso)* und **Klippfisch** *(baccalà)* in der toskanischen Küche verwendet, ausgesprochene Freitags- oder Fastengerichte.

Der Käse

Der Käse gehört zum Beginn des Essens, gerieben auf *pappardelle* und *maccheroni,* in feinen Scheibchen auf Pilzen oder Schinken. Und er wird noch einmal serviert zum Ende des Mahles, als *sapone della bocca,* als „Seife des Mundes". Es gibt zwei Worte, die besonders in der Toskana Käse bedeuten: *formaggio,* das sind alle Arten von Käse, und *cacio,* das hauptsächlich für Schafskäse gilt, für Pecorino. Das Wort Formaggio stammt von der *forma,* dem Weidenkörbchen, in dem nach dem Dicklegen der Kuhmilch die flüssige Molke von der quarkigen Käsemasse abläuft. Pecorino ist direkt aus dem Wort *pecora* (das Schaf) gebildet.

Pecorino ist der am meisten gegessene und verwendete Käse der Toskana. Der Sage nach hat sich schon Romulus, der Gründer Roms und Sienas, von Schafskäse seine Kraft geholt. *Pecorino di capra* ist ein Ziegenkäse, der allerdings seltener anzutreffen ist.

Es gibt ein paar toskanische Landschaften, die für ihren Pecorino besonders bekannt sind: die Landschaft Lunigiana am Cisa-Paß, das Mugello im Talbecken der Sieve, dem Vorzimmer von Florenz, die Garfagnana im Serchio-Tal, das Casentino im oberen Arno-Tal mit Bibbiena und Poppi und schließlich die Maremma.

Die besten Pecorino-Käse jedoch stammen aus den Crete, von Asciano bis Pienza, und aus dem traditionsbewußten Chianti. Dort wird auch im März und den ersten Aprilwochen, der Lämmerzeit, der *marzolino* hergestellt und in dieser Zeit frisch, mit weicher Rinde, im September/Oktober aber mit fester Rinde gegessen. Er ist eiförmig, fast wie ein amerikanischer Rugby-Ball, nur natürlich viel kleiner. Vom Marzolino soll übrigens Caterina de' Medici eine ganze Fuhre mit nach Frankreich genommen haben. Stammt womöglich auch noch der Ursprung des guten französischen Käses aus Italien?

Pecorino kommt in zwei Reifegraden auf den Markt, *fresco,* also frisch, und *stagionato,* gereift.

Die Schafsmilch für frischen Pecorino wird bei geringfügig niedrigerer Temperatur dickgelegt als die von gereiftem. Das Lab für beide Käsesorten stammt von Pflanzen, die auf den lehmigen, schweren Böden der Crete gut gedeihen, von wilden Artischocken (Cynara cardunculus L.) oder auch vom Labkraut (Galium verum). Und das ändert natürlich auch den Geschmack der Käse gegenüber dem *pecorino romano,* bei dem die Milch mit Kälberlab zur Gerinnung gebracht wird. Denn der Geschmack der herbbitteren Wildartischocke mischt sich mit dem würzig-sahnigen Aroma der Schafsmilch. Dieses pflanzliche Lab ist übrigens nirgends zu kaufen. Jede Bäuerin stellt es aus den Pflanzen selbst her. Das entspricht eben auch der toskanischen Vorstellung von reinen Grundstoffen, die möglichst selbst hergestellt werden, und zwar aus Produkten der eigenen Landschaft.

Noch ein wichtiger Käse für die toskanische Küche ist **Mozzarella.** Eigentlich stammt er aus Kampanien. Heute wird er auch in den Maremmen hergestellt, und zwar aus Büffelmilch. An Binnenseen sieht man dort die dunklen Tiere mit den breiten, ausladenden Hörnern bis zum Rücken im kühlenden Wasser stehen.

Diesen schneeweißen, zart-elastischen Käse kann man in Kugeln *(uova di bufalo)* oder Zöpfen *(streccia)* mit etwa 50 Prozent Fettgehalt kaufen. Mozzarella schmeckt frisch, leicht säuerlich und wird auch aus Kuhmilch *(latte di mucca)* angeboten. Toskaner bevorzugen den *mozzarella di bufala.* Beim Anschneiden wird inwendig die feinschichtig gewickelte Struktur sichtbar.

Ganz köstlich schmeckt als Vorspeise: eine Scheibe Mozzarella, ein Blatt Basilikum, eine

Eine Auswahl an Pecorino-Käse: links reifer, in der Mitte hinten junger Pecorino, vorne pecorino di capra *(aus Ziegenmilch), rechts* marzolino *(aus der Schafsmilch zur Lämmerzeit im März).*

Scheibe Tomate und so fort, bis die richtige Menge erreicht ist. Mit Pfeffer überstäuben, kein Salz, aber reichlich feines Olivenöl.

Unentbehrlich für Teigwaren, Ribollita, Minestrone und einige Steinpilzgerichte ist **Parmesan**-Käse oder sein meist jüngerer Bruder **Grana Padano.** Beide werden im Laden oft nur als Grana bezeichnet, das heißt körnig. Der Name kommt von der kristallinen Struktur her. Beide Käsesorten stammen aus der Emilia Romagna, dem nördlichen Nachbarn der Toskana, werden aber auch hier viel verwendet.

Diese sehr edlen Hartkäse mit mindestens 32 Prozent Fett i. Tr. sollten immer frisch und am Stück gekauft werden. Von den großen, schweren Laiben werden kleinere Stücke mit einem mandelförmigen Spezialmesser abgesprengt, so hart sind diese meist über ein Jahr gereiften Käse aus Kuhmilch. Der geriebene Parmesan darf nicht lange aufbewahrt werden. Auch im festverschlossenen Glas verliert er sein Aroma und trocknet aus. An der weißen Farbe ist das gut zu erkennen.

Etwas jüngerer Parmesan oder Grana Padano paßt sehr gut zu einer reichhaltigen Weinprobe, in kleinen Stücken zwischen den Weinen genossen. Manche Salate, zum Beispiel aus Steinpilzen, Pfifferlingen oder Champignons, aus roter Beete in Scheiben, oder Carpaccio bekommen erst die ganz besondere Note durch feine Scheibchen (bitte nicht geriebenen oder geraspelten) Parmesan. Der jüngere ist noch etwas geschmeidiger und bröckelt nicht so.

In der Toskana gibt es keinen Quark aus Kuhmilch. Das köstliche Produkt, das an seiner Stelle verwendet wird, heißt **Ricotta.** Ricotta ist aus Schafsmilch und viel fester als Quark und deshalb für Füllungen von Ravioli, für Auflauf oder Gnocchi besser zu verarbeiten. Am besten verwenden Sie einfach für ihre toskanische Küche den festeren Schichtkäse oder selbstgemachten „Ricotta", den Sie nach dem Rezept von Giuliano Bugialli dickgelegt haben. Zutaten: 1 Liter Vorzugs- oder Vollmilch, 1 TL Calcium lacticum (milchsaures Kalzium).

Die Milch langsam auf etwa 30°C erhitzen. Das milchsaure Kalzium gut unterrühren und weiter erhitzen, ohne umzurühren. Auf keinen Fall kochen lassen! Nach etwa 1/2–1 Stunde ist die Milch dickgelegt. Dann durch ein engmaschiges Sieb abgießen und gut abtropfen lassen. Den Quark abkühlen lassen und verwenden. Er ist sehr schön fest.

Duft und Würze

Salz und Pfeffer geben den Speisen das Bodenständige, Mineralische und Pikante, die Gewürzpflanzen verleihen ihnen die Leichtigkeit und das geistige Element.

Der Knoblauch, sagen die Toskaner, *„è la specieria dei poveri"*, er ist „das Gewürz der Armen". Er gibt dem Aroma eines Essens das breite Fundament und die runde Fülle.

Wer durch toskanische Bauerngärten, durch die sommerliche Landschaft geht, atmet den Duft der Kräuter und gegen Mittag aus den Häusern den feinen Duft guten Essens. Der ist fast immer beherrscht von Rosmarin, Salbei und dem leichten Rauch der Oliven- und Rebhölzer aus den bäuerlichen Kaminen, in denen auch gekocht und gegrillt wird.

Überhaupt ist das immer brennende, offene Feuer in der ländlichen Küche die reinigende Kraft, die Aromen und Duft freiwerden läßt. Alessandro Falassi sagt einmal in seinem geistreichen Buch „Pan che canti, vin che salti": „Das kulinarische Feuer im Herd überführt das Rohe in die zubereitete Speise und bewirkt so Tag für Tag die Verwandlung von Natur in Kultur."

Der Duft stammt von Gewürzpflanzen, die im warmen Klima sehr gut gedeihen und in den höheren Lagen besonders intensive ätherische Öle und Aromastoffe entwickeln. Durch getrocknete Kräuter können sie nur sehr begrenzt ersetzt werden, da beim Trocknen viele leicht flüchtige Aromen verlorengehen. Es lohnt sich, immer ein paar frische Pflanzen zu ziehen.

Peperoncini, die kleinen scharfen Pepperonischoten, und die dicken weißen Bohnen sind aus der toskanischen Küche nicht wegzudenken.

Nach diesem Streifzug durch Geschichte, Landschaft und Eßkultur der Toskana wenden wir uns dem praktischen Teil zu.
Wir haben die Rezepte nach der originalen Zubereitung beschrieben, mit Zutaten, die in der Toskana üblich und leicht zu kaufen sind. Viele, fast alle, gibt es heute auch bei uns in Deutschland. Manche Besonderheiten können Sie ja auch aus dem Urlaub mitbringen. Nur ganz vereinzelte Gerichte erfordern spezielle Töpfe oder Geräte wie den toskanischen Bohnentopf.
Die Rezepte sind für 4 Personen berechnet.

Le acciughe al prezzemolo

Sardellen und Petersilie

Mit knusprigem Weißbrot ist diese Spezialität auf sommerlichen Reisen, für Gartenfeste oder zum Weißwein eine pikante Vorspeise, für ein kaltes Buffet eine ideale Zutat. Sie wird in der Toskana in vielen Bars auf einem Stück Brot oder einem Brötchen *(panino)* als Vesper während des Tages gereicht.

400 g frische Sardinen
(oder in Deutschland: frische grüne Heringe),
1 Glas herber Weißwein, 2 Spalten Zitrone,
1 Tasse Olivenöl, 2 Bund Blattpetersilie, Salz

Die Sardinen ausnehmen, Kopf, Flossen und Schwanz abschneiden und die Sardinen gut waschen. So viel Salzwasser zum Kochen bringen, daß es die Fische gut bedeckt. Den Weißwein und die Zitrone hineingeben. In diesem Sud die Fische etwa 10 Minuten garziehen lassen, herausnehmen, entgräten, gut abtropfen lassen und feinhacken.
In einer Glasschale mit dem Olivenöl vermengen und mit der feingehackten Petersilie bestreuen. Mit Salz abschmecken und servieren.

L'Alkermes

Kermes-Likör

Dieser Likör stammt aus der Zeit der Medici. Manchmal liest man sogar, er sei deren Erfindung. Wahrscheinlicher ist, daß ein Kräuterlikör erstmals um 1460 in der Apotheke eines florentinischen Dominikaner-Klosters gebraut und bald auch als Mittel gegen die Pest eingesetzt wurde.

Nicht nur die Farbe für die prächtigen Tuche wurde aus weiblichen Kermesschildläusen von Kermes- und Steineichen gewonnen, auch für Liköre und Süßigkeiten wurde Kermes als Färbemittel und wegen der vermuteten aphrodisischen Wirkung verwendet. Die rote Farbe (Cochenille) gibt es heute noch – aber Sie müssen diesen Likör nicht unbedingt färben. Er schmeckt ungefärbt genausogut.

1 Vanilleschote, 3 g Nelken, 12 g Zimt, 12 g Koriander, 3,5 g Kardamomsamen, 3 g Sternanis, 600 ml reiner Alkohol (90 %), 350 ml destilliertes Wasser, 600 g Zucker, 500 ml destilliertes Wasser, 80 g Rosenwasser, 6 g Cochenille zum Färben (nach Belieben)

Die Vanilleschote halbieren und kleinschneiden. Alle anderen Gewürze im Mörser zerstoßen. In einer gut verschließbaren Flasche mit dem Alkohol und 350 ml destilliertem Wasser ansetzen. Die gut verschlossene Flasche zwei Wochen auf das sonnige Fensterbrett stellen und einmal täglich gut schütteln. Schließlich den Zucker in 500 ml destilliertem Wasser durch Erwärmen auflösen, zum Gewürzaufguß geben, sehr gut vermischen und noch einmal einen Tag zur Seite stellen. Dann die gesamte Flüssigkeit filtrieren und mit dem Rosenwasser parfümieren. Gut verschlossen aufbewahren.

Aq.
Rosae

Antipasti

Vorspeisen-Teller

Für den hungrigen Gast ist das eine treffliche Lösung. Kaum hat man in einem Restaurant Platz genommen, gibt's einen Korb frisches Brot, dann Wein und Mineralwasser – und schnell folgt die Vorspeise. So kann der erste Hunger gestillt werden, das Warten vergällt nicht die Freude an den *„primi e secondi"*, sprich den nächsten Gängen. Und schließlich gewinnt die Küche Zeit, damit die Teigwaren ganz frisch zubereitet werden können.
Hier sind drei Vorschläge für toskanische Vorspeisen-Teller.

2 Scheiben capocollo *oder* coppa, *gepökelter und luftgetrockneter Schweinenacken, 2 Scheiben* finocchiona, *Fenchelsalami, etwas weicher, feiner und fetter als die toskanische Salami, mit intensivem Fenchelgeschmack, dazu Artischocken in Olivenöl eingelegt und grüne Oliven.*

2 Scheiben toskanischer Schinken. Er ist herzhafter und salziger im Geschmack als der „süße" Parma- oder San-Daniele-Schinken. 2 Scheiben luftgetrocknete toskanische Salami, mit größeren Speckstücken, dazu 2 vollreife, baumfrische grüne Feigen.

2 halbe Scheiben soppressata *oder* capofreddo, *eine Art Pressack, von der Hausschlachtung aus Teilen vom Schweinekopf und Zunge. 2 halbe Scheiben* buristo, *richtige Blutwurst mit Speck und einem köstlich-frischen Aroma von feingeschnittener Zitronenschale. Dazu Zwiebeln und Pepperoni* sott'aceto, *in Essig eingelegt.*

Selbstverständlich, daß es dazu unbegrenzt frisches, ungesalzenes Weißbrot gibt – vom eigenen Holzbackofen, wenn wir Glück haben.

Arista di maiale al forno

Schweinerücken, im Ofen gebraten

1430 soll bei einem Festessen während des ökumenischen Konzils von Florenz beim Probieren dieser Köstlichkeit ein griechischer Patriarch „aristos, aristos“ ausgerufen haben. Das heißt „ausgezeichnet, das Beste“. Dieser Name blieb dem saftigen Rückenstück bis zum heutigen Tag erhalten.

1,5–2 kg Schweinerücken (Kotelettstrang) mit Speckschicht und Kontrefilet, 6 Rosmarinzweige, etwa 3 cm lang, 5 Knoblauchzehen, 1 EL grob gestoßener schwarzer Pfeffer, 5 Pimentkörner, 10 Blatt Salbei, 3 TL grobes Meersalz, 1 Tasse toskanisches Olivenöl, 1 kg geschälte und in Spalten geschnittene Kartoffeln

Den Kotelettstrang mit einem spitzen Messer (Spickmesser) entlang dem Knochen etwa zwölfmal einstechen und abwechselnd Rosmarinzweigchen und Knoblauchstifte hineinstecken. Den frisch gestoßenen Pfeffer und Piment, die feingeschnittenen Salbeiblätter und das Meersalz mischen. Das Rückenstück entlang der Fleischmaserung durch die Speckschicht ein paarmal einschneiden. Mit Geduld die Einschnitte und den ganzen Kotelettstrang mit der Mischung einreiben. Den Backofen auf 160°C (Gas Stufe 1) vorheizen. Den Rücken in einer Bratenform mit Olivenöl übergießen und etwa 60 Minuten braten. Dann die Temperatur hochstellen auf 180°C (Gas Stufe 2–3), die Kartoffeln in den Bratensaft legen und das Fleisch in etwa 20 Minuten goldbraun braten. Die Kartoffeln häufig mit einem Holzlöffel umrühren. Vor dem Servieren das Fleisch von den Knochen lösen und in 1/2 cm starke Scheiben schneiden.

Baccelli e pecorino

Junge Saubohnen und Schafskäse

Baccelli wachsen in jedem toskanischen Garten und jetzt schon häufig als Gründüngung zwischen den Rebzeilen. Die Bohnensorte hilft den Weinbauern am Mineraldünger sparen und verbessert gleichzeitig den Humusgehalt der kargen toskanischen Lehmböden. Bei uns hat diese stickstoffsammelnde Leguminose den derben Namen „Saubohne". Im Frühjahr, um die Osterzeit, wenn der Wunsch nach frischem Gemüse besonders stark ist, werden die *baccelli,* das heißt nichts anderes als „Schote", immer nach dem Essen gereicht.

Saubohnen, in der Schote, frisch gepflückt,
mittelalter Pecorino, grobes Meersalz,
junges Olivenöl, Weißbrot

Ein Korb mit Schoten, nicht zu alter Pecorino, der innen noch etwas quarkig weiß schimmert, Meersalz und junges Olivenöl werden bereitgestellt. Weißbrot gehört noch dazu. Die Kerne werden aus den Schoten gepult, in Meersalz und Öl gestippt, und ein Stückchen Pecorino wird dazu gegessen. Das sind wunderbare Begleiter zu allen toskanischen Weinen.

Dabei muß ich jedesmal die „Idealverpackung Schote" für die empfindlichen Bohnenkerne bestaunen. Sie ist außen stabil und innen weich, wie mit Schaumstoff gepolstert. Ein Wunderwerk der Natur!

Biscotti di Prato

Mandelgebäck aus Prato

Äußerlich sehen diese Biskuitschnitten aus Prato recht unbedeutend aus. Sie sind aber von ausgezeichnetem Mandel-Nuß-Geschmack und knusprig. Zum Dessert wird ein Glas Vin Santo gereicht und darin werden die *biscotti* eingetaucht. Das unterhaltsame *dolce* ist gefährlich, man kann so schnell nicht aufhören. Nur ein heißer, bitterer Espresso kann da „Halt" gebieten. Übrigens sind dies echte *bis*cotti, zweimal gebacken und daher auch lange haltbar.

1 kg Weißmehl, 8 Eier, 1 kg Zuckerraffinade, 1 Prise Salz, 1 Päckchen Backpulver, etwas echte Vanille, aus der Schote geschabt, 1 TL abgeriebene Orangenschale, 300 g geschälte, halbierte Mandeln, 100 g Haselnüsse, Butter zum Fetten des Backblechs

Das Mehl auf das Backbrett häufen und in der Mitte eine Vertiefung eindrücken. Die Eier trennen. Die Eiweiß steifschlagen. Eigelb, Zucker, Salz, Backpulver, Vanille und Orangenschale mit dem Mehl und dem steifgeschlagenen Eiweiß sehr gründlich vermengen. Dann die halbierten Mandeln und Haselnüsse zugeben, nochmals durchkneten und mehrere Teigrollen von etwa 3 cm Durchmesser und der Länge des Backblechs rollen. Backblech gut buttern und mit einem Hauch Mehl bestäuben. Die Rollen darauflegen und etwas flachdrücken. Im vorgeheizten Backofen bei 175°C (Gas Stufe 2) etwa 8 Minuten backen. Dann herausnehmen und schräg in Scheiben von 1–1,5 cm Breite schneiden.

Das Backblech erneut kurz in den Ofen schieben, bis die Biskuit-Schnitten goldfarbig und fest, fast hart, gebacken sind.

Bistecca fiorentina

„Die" Bistecca

Die *bistecca fiorentina,* wörtlich übersetzt: das florentinische Beefsteak, ist *das* toskanische Fleischgericht. Ein Geheimtip unter Freunden sind die Adressen der Fleischer, wo es wirklich gutes Fleisch für die Bistecca gibt. Drei Voraussetzungen muß es erfüllen. Es muß vom ausgewachsenen Tier der großrahmigen Rinderrasse, *Chianina* genannt, aus dem Val di Chiana sein. *Charolais* ist fast genauso gut. Das Fleisch muß gut abgehangen und ausgereift sein, 8–14 Tage. Der Zuschnitt heißt bei uns T-bone-Steak, das bedeutet, es ist eine etwa 5 cm starke Scheibe der Hochrippe mit dem T-förmigen Knochen und dem Kontrefilet. Auf dem Bild ist das gut zu erkennen.

Als Zubereitung ist nur Garen auf dem offenen Grill erlaubt. Das Holz kann von Reben, Kastanien oder Nußbaum sein. Die Glut darf keine Flammen mehr zeigen. Jetzt ist alles ganz einfach!

Pro Person: 1 Scheibe T-bone-Steak, 600–800 g schwer, Salz, frisch gemahlener weißer Pfeffer, etwas Zitronensaft, ein paar Tropfen bestes Olivenöl

Das Fleisch nicht waschen, den Grill nicht einfetten. Das Steak auf den heißen Rost legen, 3–4 Minuten auf der einen Seite, 3–4 Minuten auf der anderen. Zum Wenden eine Grillzange benützen. Nicht mit der Gabel hineinstechen! Außen wird das Fleisch durch die scharfe Glut knusprig braun, innen bleibt es rosa *(al sangue)*. Beide Seiten salzen und mit ein paar Umdrehungen aus der Mühle pfeffern. Ein paar Tropfen Zitronensaft und ein paar Tropfen Olivenöl dazu, dann servieren! Das ist ohne alle Beilagen ein richtiges toskanisches Essen. Ein köstliches! Basta!

Brigidini

Anis-Waffeln

Sie sollen im Kloster S. Brigida in Pistoia erfunden worden sein. An langen Abenden, vor dem offenen Kaminfeuer, werden die Brigidini mit dem handgeschmiedeten Waffeleisen gebacken. Die langen Griffe sorgen dafür, daß die Waffelbäckerin nicht zu dicht an der Glut sitzen muß. Wenn wir ein Waffeleisen finden, geht es heute auch gut am Kamin, am Grillfeuer im Freien oder auf dem Gasherd. Damit der Teig nicht wegläuft, bevorzugen wir ihn fester. So läßt er sich gut portionieren.

200 g Weizenmehl, 75 g Zucker, 3 EL Butter, 1 Ei, 1 TL Backpulver, etwas Vanille, aus der Schote geschabt, 1 TL Anis, 1 Prise Salz, 1/2 Tasse Milch. Zum Einfetten: Olivenöl

In einer Schüssel alle Zutaten, mit Ausnahme der Milch, gut verrühren und kneten. Nur so viel Milch zugeben, daß der Teig noch knetfest ist und sich etwa pflaumengroße Teigstücke daraus formen lassen.

Das Eisen wird jetzt in der Glut gut erhitzt, vom Feuer weggenommen, geöffnet und mit einem Backpinsel mit Olivenöl eingestrichen. Dann auf eine Fläche des Waffeleisens ein Teigstück legen und die Griffe sofort fest zusammendrücken. Mit gleichmäßiger Hitze von beiden Seiten die dünnen Waffeln schnell ausbacken. Dabei Vorsicht! Sie verbrennen nur allzu rasch.

Brigidini werden ganz heiß zu Moscatello, zu Vin Santo oder Aleatico gegessen.

Bruciate ubriache

Betrunkene Kastanien

Auch in der sonnigen Toskana gibt es triste Winterszeiten, zwischen Dezember und März vor allem in den Höhenlagen der Garfagnana, dem Mugello-Tal, den Chianti-Bergen und im Pratomagno.
Dann hocken Bauern und Weingärtner am offenen Kamin, um den Sturm draußen zu vergessen, erzählen Geschichten oder sind auf der Wildschweinjagd. Es ist die Zeit, wenn die Früchte geerntet sind, der Wein in den Fässern seine jugendliche Rauhheit langsam abbaut und Reife gewinnt, das grüntrübe Olivenöl in großen tönernen *orci* sanfter und klarer wird, wenn in der handgeschmiedeten Pfanne die Kastanien über der Glut des Kamins rösten. Keine leichte Zeit! Es gehört eine gute Portion Gelassenheit dazu, Kälte und Einsamkeit, Sturm und oft Schnee als Ruhezeit für die Natur zu begreifen. Ein Glas Wein, ein paar Kastanien helfen dabei.

750 g Maroni oder Eßkastanien,
1/8 Liter Grappa oder auch Rotwein,
2 EL Zucker

Die Maroni kreuzweise einschneiden, rösten und schälen. In einer flachen Kasserolle mit Grappa oder Rotwein begießen und eine Stunde durchziehen lassen. Dann leise erhitzen, mit Zucker bestreuen und flambieren. Das geht natürlich nur beim Grappa. Wenn Rotwein verwendet wurde, etwas einkochen. Durch das Erhitzen und Flambieren verfliegt viel vom Alkohol, aber das Aroma bleibt. Man kann den Geist wieder ersetzen, wenn zu den Kastanien *un pocchino di grappa* oder Rotwein getrunken wird.
Dazu gehören Knistern und Prasseln des Kaminfeuers im Hintergrund. Und der Duft von Kastanien-, Oliven- oder Rebholz!

Cacciucco alla livornese

Livorneser Fischgericht

Pro Person rechnet man mit 400–500 g Meerestieren, die Hälfte Fische mit Gräten (Knochenfische), die andere Hälfte Weich- und Krustentiere sein (z. B. Tintenfische, Gamberi, Krabben, Shrimps und Langusten).

2 kg Meerestiere, die Hälfte Fische mit Gräten, die andere Hälfte Weich- und Krustentiere.
3 vollreife Tomaten, 2 Zwiebeln,
2 Stangen Staudensellerie, 2 Karotten,
1 Chili-Schote, 1 Bund Blattpetersilie,
3 Zehen Knoblauch, 100 g Olivenöl,
1/2 Liter Vernaccia, 2 EL Tomatenmark,
Salz, Pfeffer, 6 Scheiben altbackenes Brot

Alle Meerestiere sorgfältig in Salzwasser säubern. Aus den Fischköpfen und weniger wertvollen Fischen mit den reifen Tomaten, einer Zwiebel, einer Selleriestange und einer Karotte eine kräftige Fischbrühe kochen. Salzen, pfeffern und durch ein feines Sieb in ein Gefäß seihen. Warmstellen. Die restliche feingeschnittene Zwiebel, Chili-Schote, Staudensellerie, Karotte, Blattpetersilie und Knoblauch in heißem Olivenöl etwas Farbe nehmen lassen. Die Tintenfische dazugeben. Wenn sie ihre Flüssigkeit abgegeben haben, den Weißwein zugießen und bei milder Hitze einkochen. Das Tomatenmark in wenig heißem Wasser auflösen und angießen. Jetzt alle anderen, in Stücke geschnittenen Fische und die Krustentiere in den Topf legen und bei mäßiger Hitze etwa 20 Minuten weitergaren. Kurz vor dem Anrichten das altbackene Brot im Toaster oder Grill hellbraun rösten und mit Knoblauch einreiben. In tiefen Tellern jeweils eine Scheibe Brot, dann Fischsud, schließlich die Fische und die rötliche Sauce anrichten. Die ganzen Fischteile sollten gut sichtbar in der Brühe liegen.

Carabaccia

Toskanische Zwiebelsuppe

Wahrscheinlich ist dieses Rezept der Ursprung aller Zwiebelsuppen, auch der französischen, die zwischen Mitternacht und Morgengrauen Fischhändler, Metzger und Gemüsefrauen ebenso wie alle Nachtschwärmer in den Hallen von Paris wieder auf die Beine brachte. Die *carabazada* wurde schon 1549 von Cristoforo Messisbugo aufgeschrieben. Allerdings würden wir sie in dieser Art heute sicher nicht mehr mögen, nämlich mit Mandeln, Zimt und Zucker. Deshalb haben wir die heutige toskanische Fassung aufgeschrieben, ländlich-herzhaft.

1 kg große rote Zwiebeln,
3 Stangen Staudensellerie, 2 Karotten,
100 g Olivenöl, 1 Liter Fleischbrühe, Salz,
Pfeffer, 300 g Weißbrot vom Tag vorher,
100 g frisch geriebener Parmesankäse,
wenn die Suppe nahrhafter sein soll:
4 verlorene Eier

Die Zwiebeln nach dem Abziehen der äußeren Schale in dünne Scheiben schneiden, die Staudensellerie und Karotten feinwürfeln. In einem irdenen Topf mit einer guten Portion Olivenöl auf den Herd setzen und bei milder Hitze eine gute Stunde köcheln. Zwischendurch mit einem Holzlöffel umrühren. Erst wenn wir am Löffel spüren, daß die Zwiebeln am Topfboden ansetzen, mit der Fleischbrühe auffüllen, salzen und pfeffern. Das Weißbrot in feine Scheibchen schneiden, etwas in Öl anrösten und in einen tiefen Teller legen. Darauf die *carabaccia* anrichten. Mit frisch geriebenem Parmesankäse bestreuen.

Ein junger, spritziger Chianti paßt gut dazu.

Carcerato

Gefangenen-Suppe

Diese Suppe aus den Bergen um Pistoia ist ein gutes Beispiel dafür, daß die alte toskanische Bauernküche sehr einfach war und alle Reste aufgebraucht werden mußten, weil die Bauern in der Regel arm waren und heute noch sind. Und daß trotzdem durch frische Grundprodukte, natürliche Zubereitung und gute Gewürze schmackhafte Gerichte auf den Tisch kommen.

300 g Rindfleisch, Abschnitte, Innereien, auch Blutwurst und Salsicce, 100 g alter, hartgereifter Pecorino, gerieben, 4 EL Olivenöl, 1 TL grob geschroteter weißer Pfeffer, Salz, 400 g altbackenes, dunkles Brot, 2 Knoblauchzehen, 50 g durchwachsener Speck, 1 Zwiebel, 2 Karotten

Fleisch, Innereien oder Wurst, Speck, Knoblauchzehen, Zwiebel und Karotten feinschneiden. Die Würzgemüse, Knoblauch, Zwiebel, Karotten und den Speck in Olivenöl kräftig anrösten. Die Fleisch- oder Wurstwürfel zufügen, umrühren und mit 1 1/4 Liter Wasser aufgießen. Mit Pfeffer und Salz würzen. 10 Minuten wallend kochen.

Das Brot in feine Scheiben schneiden und in eine Suppenschüssel legen. Reichlich mit Pecorino-Käse bestreuen. Darauf die heiße Brühe gießen und servieren, wenn das Brot gut durchzogen ist.

Carciofi fritti

Ausgebackene Artischocken

Was nicht zu einem natürlichen Produkt gehört, halten die puristischen Toskaner knapp. Deshalb gibt es zum Ausbacken auch nicht den voluminösen Ausbackteig, sondern nur die dünne Hülle aus Mehl und aufgeschlagenem Ei. So kommt der Inhalt besser zur Geltung, und die Zunge sucht nicht lange nach dem Besten und Wichtigsten.

1 Zitrone, 8 Artischocken, nicht zu groß,
3 Eier, 100 g Weißmehl, Salz,
Olivenöl Extra Vergine zum Ausbacken

In einer Schüssel kaltes Wasser mit dem Saft der Zitrone mischen. Den Stiel der Artischocken abschneiden, die äußeren Blätter entfernen, ebenso die harten Blattspitzen abschneiden, dann Knospen vierteln und in das angesäuerte Wasser legen. Wenn alle vorbereitet sind, auf frische Küchentücher oder Küchenkrepp legen zum Abtrocknen. Die Eier mit einer Gabel in einem tiefen Teller locker aufschlagen. Die Artischockenviertel dann in Weißmehl wenden. Schließlich durch die Eimasse ziehen, salzen und im nicht zu heißen Olivenöl ausbacken. Nicht mehr als 4 Stück auf einmal ausbacken, sonst kühlt das Öl zu rasch aus.

Auf einem Sieb oder auf Küchenkrepp das restliche Öl abtropfen lassen und heiß servieren. Die Artischockenviertel müssen gold- bis mittelbraun sein und eine herzhafte Kruste haben.

Carciofi ritti

„Aufrechte“ Artischocken

Dieses höchst bekömmliche, zarte Gemüse heißt so, weil die Artischocken zum Garen senkrecht in den Topf gesetzt werden. Für warme Sommerabende ist das ein köstliches Gericht, das warm oder kalt serviert werden kann. Der delikate, zartbittere Geschmack der Distelknospe stammt vom Cynarin, einem Wirkstoff, der heilend auf Magen, Galle und Leber wirkt – gerade recht vor Weinproben und langen Frühsommerabenden mit altem Chianti oder Brunello.

8 Artischocken, 100 g Schweinebauch, luftgetrocknet, 3 Knoblauchzehen, 1 Bund Petersilie, 1/2 Tasse Olivenöl, 1 Glas Chianti, Salz, Pfeffer

Größere, frisch geerntete Artischocken auswählen. Die harten äußeren Blätter entfernen. Oben flach abschneiden. Mit dem Finger das Herz etwas erweitern. Den Stiel unten glatt abschneiden. Schweinebauch, gewürfelte gehackte Knoblauchzehen, feingeschnittene Petersilie und die abgeschälten Stiele (ebenfalls kleingehackt) der Artischocken gut durchmischen. Damit die erweiterten Herzen der Artischocken füllen.

In eine Keramik-, Gußeisen- oder Glasform die Artischocken aufrecht einsetzen. Olivenöl und etwas Chianti zufügen, langsam garen. Wenn alle Flüssigkeit verdampft sein sollte, den restlichen Chianti und etwas heißes Wasser zufügen.

Gleich im Gartopf servieren. Diese Artischocken werden ganz gegessen, nicht Blatt für Blatt wie die großen, französischen.

Carciofi sott'olio

Artischocken in Olivenöl eingelegt

Es gibt kleine, knapp 4 cm große und fast kindskopfgroße Artischocken. Wir benützen für alle Gerichte ganz kleine bis mittelgroße, von 4 cm bis etwa 8 cm hoch, und am liebsten die Sorte *violetto di Toscana.* Auf diesem Bild ist die Farbe und das Vorbereiten gut zu sehen. Bei unserem Rezept geben wir keine Mengen an. Es kommt eben darauf an, wieviele Gläser eingelegt werden sollen.

Zitronen, kleine Artischocken, Weißwein-Essig, Lorbeerblätter, schwarze Pfefferkörner, Gewürznelken, Knoblauchzehen, Salz, Olivenöl

Eine Salatschüssel zu Hälfte mit kaltem Wasser füllen und mit dem Saft der Zitronen mischen. Die äußeren Blätter der Artischocken (1–2 Blattkränze) entfernen und die harten Spitzen kappen. Den Stiel abschneiden und den Boden schälen. Artischocken in das mit Zitrone angesäuerte Wasser legen, bis alle vorbereitet sind. Je zur Hälfte weißen Weinessig und Wasser mit Lorbeerblättern, Pfefferkörnern, Gewürznelken und einigen Knoblauchzehen aufkochen. Die abgetropften Artischocken in den Sud werfen und etwa 8–10 Minuten kochen. Sie dürfen nicht weich sein, sondern sollen noch einen kräftigen Biß haben. Direkt aus dem Sud auf ein Sieb zum Abtropfen und Auskühlen legen. Das kann einige Stunden dauern. Dann die Artischokken in Gläser schichten, dazwischen Lorbeerblätter, Pfefferkörner, Knoblauchzehen und Nelken streuen. Schließlich sorgfältig mit allerbestem Olivenöl ganz bedecken. Ein paar Tage an einen kühlen Ort stellen und, wenn erforderlich, immer wieder vom guten Öl nachfüllen. Die Gläser luftdicht verschließen. Nach etwa 2 Monaten die Artischocken zu Schinken und Würsten als Vorspeise servieren.

Castagnaccio

Kastanienfladen

Das ist ein einfacher, flacher Kuchen aus Kastanienmehl, der mit Pinienkernen, Walnüssen und ein paar Rosinen verfeinert wird und durch viel Rosmarin seinen herrlichen Duft erhält, ein Winterkuchen mit dem Duft des Sommers.

Kastanienhaine stehen in der Toskana oft in der Nähe der Höfe und Güter. Im Herbst werden die Früchte gesammelt, die großen Kastanien getrocknet, oft am offenen Feuer geröstet und gegessen. Die kleinen werden zu Kastanienmehl gemahlen oder zum Füttern der Schweine verwendet.

3 EL Rosinen, 350 g Kastanienmehl, Salz, 5 EL Olivenöl, 5 EL Pinienkerne, 4 EL Walnußkerne, 2 Rosmarinzweiglein

Zuerst die Rosinen in warmem Wasser einweichen. Dann das gesiebte Kastanienmehl mit wenig Wasser anteigen, damit es keine Knollen gibt, anschließend mit etwa 1/2 Liter Wasser gut verrühren. Damit der Teig ganz glatt wird, am besten den Schneebesen verwenden. Der Teig soll dünnflüssig und cremig sein. Salz, 3 EL Olivenöl, 3 EL Pinienkerne, die kleingehackten Walnüsse und die abgetropften Rosinen gut einrühren. Ein flaches, rundes Kuchenblech mit etwa 26 cm Durchmesser mit reichlich Öl bestreichen, den Teig hineingießen. Die Teigschicht sollte etwa 1 cm stark sein. Dann die Oberfläche mit Pinienkernen und viel Rosmarin bestreuen. Das restliche Olivenöl mit lockerer Hand darauf verteilen. Im vorgeheizten Backofen bei 275°C (Gas Stufe 6) etwa eine halbe Stunde backen, bis der Fladen goldbraun und knusprig ist.

Cenci-Donzelli

Fastnachtsjungfern

In der Fastnachtszeit gibt es in jedem toskanischen Haushalt diese Mürbteig-Bändchen oder Lümpchen oder Jungfern oder Schleifchen – das ist sicher. Form und Name mögen wechseln, aber *cenci* gibt es bestimmt. Sie werden von Haus zu Haus verschenkt und sind eine gute Gelegenheit, in der Zeit des *„carne vale"* einen Besuch bei Nachbars Caterina oder Francesco zu machen.

300 g Mehl, 2 Eier, 4 EL Zucker,
3 EL Olivenöl, 3 EL Vin Santo,
abgeriebene Schale einer Zitrone, Salz,
Olivenöl zum Ausbacken

Auf einem Teigbrett oder dem Küchentisch das Mehl aufhäufen. In eine Vertiefung Eier, Zucker, Olivenöl, Vin Santo, Zitronenschale und eine Prise Salz geben. Alle Zutaten zu einem festen Mürbteig gut durchkneten. In Alufolie einpacken und 2 Stunden im Kühlschrank ruhen lassen. Die Arbeitsplatte mit Mehl einstäuben und darauf den Teig zu ganz dünnen Platten auswellen. Mit dem gezackten Teigrädchen die Teigbänder ausrollen und auf etwa 10 cm ablängen. Im heißen Olivenöl ausbacken. Die *cenci* auf Küchenkrepp abtropfen lassen und mit Zucker überstäuben. Dazu gibt es alten, nicht zu trockenen Vin Santo.

Certosino

Ein altes Kräuterlikörrezept

Certosino kommt aus der *certosa,* der Kartause. Das ist die sehr eigenständige Architektur der Kartäusermönche, bei denen jeder Mönch ein kleines Haus bewohnt und seine Gemüse und Kräuter im eigenen Garten anbaut. Nördlich der Autobahnausfahrt Firenze-Certosa ist das heute noch gut zu sehen. Ursprünglich hatten die mittelalterlichen Kräuterliköre sicherlich einen medizinischen Zweck. Fast in allen Klöstern der Toskana, in Vallombrosa auf den Höhen des Pratomagno oder Monte Oliveto Maggiore sind sie heute noch käuflich.

Aber dieses vortreffliche Rezept könnte, bei Geduld und Sorgfalt, Ihr eigener „Chartreuse" werden. Die Gewürze können Sie in der Apotheke kaufen.

25 g Zitronenmelisse, 12 g Wacholder, 10 g Ysop, 12 g Engelswurz (Samen und Wurzel), 6 g Koriander, 6 g Kalmuswurzel, 5 g frische Pfefferminze, 4 g frische Schale von einer unbehandelten Zitrone, 2 g Zimtstange, 2 g Muskatblüte (Macis), 2 g Muskatnuß, 2 g Nelken, 1,5 Liter reiner Alkohol (90%ig), 900 g brauner Zucker, 1,2 Liter destilliertes Wasser

Alle Kräuter im Marmor- oder Porzellanmörser zerkleinern und in einem Glasballon von 3 Liter Fassungsvermögen mit dem reinen Alkohol ansetzen. Während eines Monats den Auszug gut verschlossen ans sonnige Fenster stellen. Dann aus dem destillierten Wasser und dem braunen Zucker einen Sirup kochen. Den Kräuterauszug filtrieren und mit dem Zuckersirup nach Geschmack süßen. In kleine Flaschen füllen und gut verschlossen im Keller lagern.

Coniglio con olive nere

Kaninchen mit schwarzen Oliven

In allen Landstrichen der Toskana, wo Oliven und Wein angebaut werden, bei Lucca, in den Chianti-Bergen, bei Arezzo, finden wir Rezepte von Geflügel und Kaninchen mit schwarzen Oliven und Wein. Unser Rezept stammt aus den Chianti-Bergen. Es ist ein Sonntags-Festessen der Weinbauern, zwischen deren einzelnen Rebreihen *(cultura promiscua)* seit Jahrhunderten die Olivenbäume gedeihen. Seit dem großen Kälteeinbruch im Winter 1984 starren traurige, schwarze Baumskelette in den Himmel oder beginnen gerade wieder junge, grünsilberne Olivenschößlinge aus den abgesägten Wurzelstöcken zu treiben.

3 Knoblauchzehen, 1 kleine Zwiebel, 1 Tasse Olivenöl, 3 Salbeiblätter, Salz, Pfeffer, 1 junges Kaninchen, 1/4 Liter Vino Santo, 2 Saucentomaten, 6 Wacholderbeeren, 1/4 Liter Gemüsebrühe, 1 Tasse schwarze Oliven

Die Knoblauchzehen und die Zwiebel sehr fein hacken. In einer flachen Schmorpfanne mit Olivenöl und Salbei erhitzen. Darin das zerlegte, gesalzene und gepfefferte Kaninchen bei scharfer Hitze bräunen. Den Vino Santo angießen und die Hitze zurücknehmen. Wenn der Wein verdampft ist, die enthäuteten, entkernten und in kleine Stücke geschnittenen Tomaten und die Wacholderbeeren hinzufügen, etwas Brühe angießen und etwa 1/2 Stunde schmoren lassen. Nur wenn die Sauce ansetzt, noch etwas Wein oder Brühe zum Lösen verwenden. 10 Minuten vor Schluß der Garzeit die schwarzen Oliven kurz mitschmoren lassen. Dazu paßt ein ganz junger Wein, zum Beispiel ein Governo di Castellare.

Coniglio ripieno

Gefülltes Kaninchen

Das ist eine rustikale Spezialität aus San Casciano, eigentlich ein Rollbraten aus Kaninchen. Ähnlich der *porchetta,* dem gefüllten und gerollten ganzen Spanferkel, das würzig duftend auf allen Märkten von speziellen Ständen angeboten wird. Man reicht es, in dünne Scheiben geschnitten, mit herzhaftem Weißbrot aus dem Holzbackofen.

1 Kaninchen, Leber und Nieren des frischgeschlachteten Tieres, 1 kleine Zwiebel, 6 EL Olivenöl, 2 Eier, Salz, Pfeffer, viel frischer Thymian, 6 Salbeiblätter, 1/8 Liter trockener Weißwein, 1/8 Liter Fleischbrühe, etwas Butter

Das ausgenommene Kaninchen vorsichtig entbeinen und mit dem großen Kochmesser oder einem glatten Fleischklopfer ganz flachdrücken.

Leber und Nieren sehr fein hacken, ebenso die Zwiebel, in wenig Öl anbraten. Die Eier mit dem Schneebesen locker aufschlagen, salzen und pfeffern. Daraus ein Omelett braten. Auf das flachgedrückte Kaninchen breiten, abwechselnd Thymianblättchen, Salbei und die Innereien mit Zwiebel legen. Das Fleisch wie einen Rollbraten aufwickeln und mit Küchengarn straff binden. Mit Salz und Pfeffer gut würzen und in heißem Olivenöl knusprig braten. Brühe und Wein zum Fleisch gießen, Deckel schließen und eine gute Stunde schmoren lassen. Kurz vor Ende der Garzeit mit der restlichen Brühe und dem Wein aufgießen und mit etwas Butter binden. Das Kaninchen dünn schneiden und zusammen mit der Sauce anrichten.

Cozze ripiene

Gefüllte Miesmuscheln

Nur wenn sie noch leben, sollten Miesmuscheln zum Essen zubereitet werden. Die Schalen müssen geschlossen sein oder sich sofort bei leichtem Klopfen schließen. Das ist ein sicheres Zeichen. Beim Kochen oder Erhitzen müssen sich die Schalen öffnen. Miesmuscheln, deren Schalen danach noch geschlossen sind, sofort herausnehmen und wegwerfen. Gehen Sie kein Risiko ein! Die günstigste Zeit ist von September bis April.

1 kg Miesmuscheln, 1 altbackenes Brötchen, 1/4 Liter Weißwein, 50 g Kochschinken, 4 Zehen Knoblauch, 1 Bund Blattpetersilie, 1 Ei, 2 frische Salsicce oder Bauernbratwürste (nicht geräuchert), Salz, Pfeffer, 500 g vollreife Saucentomaten, 1 Zwiebel, 1/2 Tasse Olivenöl, 2 Zweige Basilikum

Die Muscheln gut waschen und mit einer scharfen Bürste anhängende Algen entfernen. In einem großen Topf mit wenig Wasser die Muscheln erhitzen, bis sich alle öffnen.

Das Brötchen teilen und in etwas Weißwein einweichen. Den Schinken feinschneiden, ebenso den Knoblauch und die Petersilie. Das ausgedrückte Brötchen, Petersilie, Knoblauch, ein ganzes Ei, die Salsicce ohne Haut, wenig Salz und reichlich frischgemahlenen weißen Pfeffer gut zu einem gleichmäßigen Teig kneten. Damit die geöffneten Muscheln füllen und mit Küchengarn zubinden. Die Tomaten enthäuten, entkernen und in Stücke schneiden. Die Zwiebel gröber hacken. Zusammen mit den Tomaten in Olivenöl, einem guten Schuß Weißwein und den Basilikumblättern 15 Minuten köcheln lassen. Dann die zugebundenen Miesmuscheln in diese Tomatensauce legen und etwa 1/2 Stunde garen. Heiß auf den Tisch bringen. Dazu gibt es frisches Weißbrot und trockenen Weißwein.

Imbottigliato all'origine
13,2% VOL.
0,75 LITRI

Crostini con funghi

Pilz-Crostini

Der Steinpilz (Boletus edulis) ist eine toskanische Leidenschaft. Im Sommer und Herbst gibt es schöne Exemplare bei den Gemüsehändlern oder bei Einheimischen, die ihre Fundplätze nie preisgeben würden. Und in jedem toskanischen Restaurant können wir ein paar Gerichte mit Steinpilzen probieren. Obwohl Steinpilze heute auch in der Toskana teuer sind, ist ihr Genuß kein Zeichen einer üppigen, reichen Küche, sondern ein sicheres Merkmal hoher Kennerschaft, die ich besonders bei Bauern im Chianti und Waldarbeitern in den Colline Metallifere oder den Waldgebieten vor den Maremmen immer wieder bewundere.

300 g frische Steinpilze,
1 Handvoll Blattpetersilie (ohne Stiele),
1 Zehe Knoblauch, 1/2 Zwiebel, 100 g Butter,
3 EL Olivenöl, Salz, Pfeffer,
etwas Fleischbrühe, 16 Scheiben
toskanisches Weißbrot oder Weißbrot
mit herzhafter Kruste

Steinpilze und Blattpetersilie auf einem Brett grobhacken, Knoblauch und Zwiebel sehr feinhacken. Etwas Petersilie zurückbehalten. Ein Drittel der Butter mit dem Olivenöl in einer Kasserolle gut heiß werden lassen. Darin Steinpilze, Zwiebel und Knoblauch anschwitzen. Salzen und pfeffern, so lange schmoren lassen, bis der Pilzsaft abgedampft ist. Mit der Fleischbrühe die Masse etwas cremiger aufrühren, kurz erhitzen und vom Feuer nehmen. Die Petersilie zufügen. Auskühlen lassen.

In der Zwischenzeit zwei Drittel der Butter in einer flachen Pfanne erhitzen und die Brotscheiben auf beiden Seiten anbraten. Die lauwarmen Brote mit der Pilzmasse bestreichen und servieren.

Badia
a
Coltibuono
Olio
d'Uliva
olio extra vergine
di oliva

Crostini di milza

Milz-Crostini

Ihr Name *crostini* kommt vom knusprig gebackenen Brot, möglichst vom etwas kräftigeren Landbrot mit guter Kruste. Das toskanische Brot wird immer frisch vom Bäcker geholt und ist nicht gesalzen. Deshalb paßt es gut zu allen würzigen Gerichten als Beilage und als Unterlage für pikante Aufstriche wie diese Milzpaste. Die Paste sollte immer ganz kurz vor dem Essen aufgestrichen werden, damit das Brot tatsächlich noch knusprig *(crostoso)* auf den Tisch kommt und nicht durchweicht.

16 Scheiben einen Tag altes Landbrot, Olivenöl, 1/2 Zwiebel, 2 Stangen Lauch, 1 Stange Staudensellerie, 200 g Kalbsmilz, 150 g Hühnerleber, 2 Zehen Knoblauch, 1 Glas Vin Santo, etwas Fleischbrühe, 1 Bund Blattpetersilie, 2 EL Kapern, 3 Sardellen, Salz, Pfeffer, 1 nußgroßes Stück Butter

Das Brot auf einer Platte mit etwas Olivenöl beträufeln und salzen. Zwiebel, Lauch und Staudensellerie feinhacken. In heißem Olivenöl goldbraun rösten. Inzwischen die Milz häuten, mit dem Messer ausstreichen und die Hühnerlebern in feine Stückchen schneiden. Die Knoblauchzehen hacken. Zusammen mit dem Röstgemüse, der Milz und den Hühnerlebern braten. Mit Vin Santo ablöschen und bei milder Hitze weiterdünsten, bis alle Flüssigkeit abgedampft ist. Mit der Fleischbrühe aufgießen. Petersilie, Kapern und Sardellen feinhacken und zufügen. Mit wenig Salz, aber einer herzhaften Portion frischgemahlenem Pfeffer würzen. Unter kräftigem Rühren mit der Butter binden. Auskühlen lassen. Inzwischen die Brotscheiben beidseitig kurz anrösten. Auf jede Brotscheibe einen Löffel der würzigen Paste verteilen.

Fagiano tartufato

Getrüffelter Fasan

Die Toskaner sind leidenschaftliche Jäger. Ihr Wild sind Fasanen, Hasen und Wildsauen. Und obwohl fast alle Männer während der streng begrenzten Jagdzeit ihrer Leidenschaft frönen, sind während Frühling und Sommer an Weg- und Straßenrändern viele Fasanen zu sehen. Die Jagd in den unzugänglichen Ginsterheiden und den Buschwäldern ohne Weg und Steg ist selten von Erfolg gekrönt. Deshalb ist der Fasan eine besonders begehrte Beute – die trefflich mit dem wertvollsten Pilz der Toskana, der weißen Trüffel, harmoniert.

1 junger Fasan, 100 g weißer Speck vom toskanischen Schinken, 1 weißer Trüffel, etwa walnußgroß, Pfeffer, Salz, 4 Scheiben roher Bauchspeck (nicht geräuchert!), 2 Wacholderbeeren, 6 EL Olivenöl, 2 Zehen Knoblauch, 2 Blätter Salbei, 1 Gläschen Grappa

Den Fasan ausnehmen, rupfen und den Flaum absengen. Den Speck vom Schinken feinhakken. Die Fasanenleber anbraten und ebenfalls feinhacken. Den Trüffel feinhobeln, mit der Leber, Speck, etwas frisch gestoßenem weißem Pfeffer und 2 gequetschten Wacholderbeeren vermengen und damit den Fasan füllen. In einer zugedeckten Porzellanschüssel eine Nacht ruhen lassen, damit sich das Trüffelaroma dem Speck mitteilt. Vor dem Braten die Fasanenbrust mit den dünnen Bauchspeckscheiben bedecken und mit Küchengarn festbinden. Den Fasan außen leicht salzen und pfeffern und in einen Bräter setzen. Mit dem Olivenöl beträufeln, die Knoblauchzehen und Salbeiblätter zufügen und im vorgeheizten Backofen bei etwa 160°C (Gas Stufe 1) 30 Minuten braten. Den Grappa angießen, die Hitze erhöhen und noch 15 Minuten bräunen. Mit den Speckscheiben servieren.

MONTALCINO
DI ORIGINE CONTROLLATA
PROPRIA
FATTORIA "IL GREPPO"
BIONDI SANTI
ITALIA
e 0,750 litri

Fagioli all'uccelletto con salsicce

Bohnen mit Tomaten und Schweinswürstchen

Richtig übersetzt, heißen diese Bohnen „vom Vögelchen", vielleicht weil die Salbeiblätter eine Form wie Vögel haben. Mit den herzhaften Schweinswürstchen aus grobem, würzigem Wurstbrät ist dieses Gericht eine komplette Mahlzeit. In Deutschland können *salsicce* gut durch Nürnberger Schweinsbratwürstel oder grobe Bauernbratwürste ersetzt werden. Die toskanischen *salsicce* sind allerdings dicker und saftiger.

1 kg weiße Bohnen, die großen toscanelli, *1/2 Tasse Olivenöl, 2 Knoblauchzehen, 1 Zweig Salbei, 1/2 TL frisch gestoßener, grober Pfeffer, Salz, 500 g frische, reife Tomaten, 4 Schweinswürstchen* (salsicce)

Die Bohnen in leicht gesalzenem Wasser garkochen, abgießen und auf einem Sieb abtropfen lassen. In einer Kasserolle das Olivenöl erhitzen, darin die zerdrückten Knoblauchzehen und den Salbeizweig so lange fritieren, bis der Knoblauch eine goldbraune Farbe angenommen hat. Jetzt kommen die Bohnen, Salz und Pfeffer dazu. Umrühren und etwas ziehen lassen. Dann die geschälten und entkernten Tomaten und die Schweinswürstchen zugeben. In der offenen Kasserolle etwa 20 Minuten bei leiser Hitze köcheln lassen. Wenn die Sauce sehr eingekocht ist, mit dem Kochwasser der Bohnen oder einem Schuß Wein etwas verdünnen. Dieses Bohnengericht muß mit reichlich Sauce gereicht werden.

Fagioli stufati

Bohnenkerne, im Ofen gekocht

Das ist die Grundzubereitung für die großen weißen Bohnen, die in vielerlei Zusammenstellungen angerichtet werden können, zum Beispiel nur mit Olivenöl, mit gehackter Blattpetersilie, angerösteten Salbeiblättern, Zwiebelstücken oder -ringen und immer mit viel frischem, grob gemahlenem Pfeffer. Dazu werden die großen weißen Bohnen, *toscanelli,* verwendet. Im Herbst und Winter werden sie z. B. auf der Dorfstraße von Sovana aus großen Säcken offen zum Kauf angeboten.

*1 kg weiße Bohnen (die großen toscanelli),
4 Blätter Salbei, 2 TL Meersalz,
1 TL grob geschroteter schwarzer Pfeffer,
1 Zitrone, 1/2 Tasse Olivenöl*

Die Bohnen in einen Keramiktopf mit Deckel einfüllen und das vierfache Volumen Wasser aufgießen. Salbei, Salz und Pfeffer zufügen und gut mit dem Deckel verschließen. Bei schwacher Hitze im Backofen bei 120° C (Gas Stufe 1) etwa 4 Stunden garen lassen.
Nach der Garprobe, wenn die Bohnen noch ganz, aber zart sind, Saft der Zitrone, gutes Olivenöl und Pfeffer dazugeben – oder nach der Art anrichten, die oben angegeben ist.

Faraona al cartoccio

Gefülltes Perlhuhn im Papiermantel

Höfliche Bitte: Verwechseln Sie kein Gericht im Papiermantel mit dem in der Alufolie. Beim Dünsten hat die luft- und feuchtigkeitsdichte Metallfolie große Vorteile. Sie erhält Fisch, Fleisch und Gemüse saftig. Aber beim Braten ist uns die alte Methode mit Pergament- oder Packpapier lieber, da bleibt nämlich die knusprige Geflügelhaut knusprig und quillt nicht durch den kondensierten Dampf auf. Auch Backpapier eignet sich gut.

1 Perlhuhn (etwa 1,2 kg),
100 g Hühnerleber, 2 Knoblauchzehen,
2 EL Olivenöl, 2 Blätter Salbei,
1 Zweigchen Rosmarin, 2 Wacholderbeeren,
1 Spritzer Grappa, Salz, Pfeffer,
7 Scheiben durchwachsener Bauchspeck
(nicht geräuchert), Schweinenetz,
Pergamentpapier

Das Perlhuhn vorbereiten und ausnehmen. Die Innereien, Leber, Herz und Magen, die Hühnerlebern und den Knoblauch feinhakken. In wenig Öl mit Salbei, Rosmarin und Wacholder 2 Minuten braten. Mit einem Spritzer Grappa aromatisieren. Zur Seite stellen und die Gewürze herausnehmen. Beim Huhn Kopf und Füße abtrennen. Innen und außen salzen und pfeffern. Mit den Innereien füllen und zunähen. Die Speckscheiben auf die Brustseite des Perlhuhns legen und mit dem Schweinenetz umhüllen. Das so vorbereitete Huhn mit dem geölten Pergament einwickeln und darüber ein feucht gemachtes Packpapier dicht anlegen. Im vorgeheizten Backofen bei 160–180°C (Gas Stufe 1–2) auf dem Rost eine gute Stunde garen. Das äußere Packpapier entfernen und im Pergament zu Tisch bringen. Dazu gibt es Rosmarinkartoffeln und grünen Salat.

Faraona dei mattonai

Perlhuhn nach Art der Ziegelbrenner

Wenn Sie das Bild ansehen, sicht es sehr schwierig aus. In Wirklichkeit ist es sehr einfach – aber Sie brauchen etwa 2 1/4–3 Stunden Zeit bis zum Servieren. 1/4 Stunde zum Zubereiten, 2–21/2 Stunden für das Ziegelbrennen, sprich Garen, im Backofen.

Das Rezept stammt aus der Gegend von Siena, wo überall Lehm und Ton anstehen. Wenn Sie Gäste haben, ist Geflügel nach Ziegelbrenner-Art etwas ganz Besonderes. Mit Ausnahme vom gewaltigen Truthahn läßt sich alles Geflügel so zubereiten. Ton bekommen Sie in Bastelbedarfgeschäften als Modellierton (nicht Plastilin).

*3–4 kg Ton oder Lehm, Pergamentpapier,
1 Perlhuhn oder anderes Geflügel,
2 Zweige Rosmarin, 2 Zweige Thymian,
1 Zweig Salbei, 1/2 Gläschen Vin Santo,
Salz, Pfeffer, 5 Scheiben luftgetrockneter
Bauchspeck, 2 EL Olivenöl*

Das ausgenommene und abgeflämmte Geflügel waschen und gut trocknen. Die Kräuter in die Bauchhöhle stopfen und mit Vin Santo tränken. Die Außenhaut salzen und pfeffern. Mit dem Bauchspeck die Oberseite bedecken. Pergament- oder Backpapier mit Olivenöl einpinseln und darin das Huhn einwickeln.

Den Backofen auf 225°C (Gas Stufe 4) vorheizen. Aus dem Ton zwei größere Platten formen. Eine auf ein Backblech legen, darauf das eingepackte Perlhuhn. Darüber die zweite Tonplatte breiten und nach dem Huhn formen. Die beiden Plattenränder fest zusammendrücken. Im vorgeheizten Backofen etwa 2–23/4 Stunden je nach Größe des Geflügels garen.

Auf dem Backblech zum Tisch bringen. Durch wenige leichte Schläge mit der Schmalseite eines Hammers springt die Tonform.

Fegatelli di maiale alla Toscana

Schweineleber-Spieße

Dieses Rezept stammt aus der versteckt liegenden Garfagnana im Nordwesten der Toskana, dort, wo die apuanischen Alpen durch den Fluß Serchio vom Apeninn getrennt sind. Im Dialekt heißen sie: *„Fegatelli del mi pá"*. Es zeigt, mit welcher Sensibilität für Aromen die bäuerlichen Bewohner dort mit ihrer Nahrung umgehen. Die Spieße für unsere Schweineleber werden nämlich aus Lorbeerzweigen hergestellt. Und damit der feine Geschmack bis ans Fleisch kommt, wird das duftende Holz vor dem Benützen entrindet.

600 g Schweineleber, 2 EL Fenchelsamen, 2 EL abgeriebene Weißbrotkruste, 2 EL Parmesankäse, 15 Lorbeerblätter, 200 g Schweinenetz, 500 g Weizenbrot mit Kruste

Die Schweineleber waschen und die weißen Gefäße herausschneiden. In viereckige Würfel teilen. Auf einem Arbeitsbrett den Fenchelsamen quetschen, dann mit Weißbrotbröseln und Parmesan mischen. Die Leberwürfel darin wälzen und in quadratische Stücke des aufgeweichten Schweinenetzes einwickeln. Auf die Spieße immer einen Leberwürfel, ein Lorbeerblatt, eine Brotscheibe usf. aufreihen. Über dem Kastanien- oder Rebholzgrill knusprig garen. Das etwas fette Schweinenetz verhindert das Austrocknen der Leberstücke, die Brotscheiben saugen den köstlichen Bratensaft auf. Auf einem Spieß sind also schon Fleisch und Beilage vereint. Der ausgeprägte Würzcharakter von Fenchel, Lorbeer und Parmesan verlangt nach einem kräftigen Rotwein mit Körper.

RISERVA 1982

Fettunta o bruschetta

Geröstetes Brot mit Olivenöl

Die einfachste, herzhafteste und natürlichste toskanische Vorspeise. *Bruschetta* gibt es in ursprünglichen Lokalen auf dem Lande, wo die Weinbauern ein gutes Brot und die hohe Qualität des „Olio Extra Vergine", des kaltgepreßten Olivenöls, zu schätzen wissen, wo Bauern und ihre Familien kein bißchen schlechter essen als feine Stadtleute und Herren – nur meist etwas sachkundiger.

Bruschetta essen die Toskaner im Spätherbst und Winter, wenn es *olio nuovo,* neues Olivenöl, gibt, wenn es draußen stürmt, der Wind im Kamin heult und der Rauch des offenen Kaminfeuers manchmal durch die Stube wirbelt. Mit *bruschetta* läßt es sich einen ganzen, langen Weinabend mit Freunden aushalten.

8 Scheiben ungesalzenes Brot mit guter Kruste, 3 Knoblauchzehen, Olivenöl, Salz, Pfeffer aus der Mühle

Das Weißbrot darf gut einen Finger stark geschnitten sein, und oft werden sicher viel mehr Scheiben gegessen, als im Rezept angegeben. Auf dem Grill im Kamin werden sie über der Glut des offenen Feuers goldbraun bis dunkelbraun geröstet, dann wird die knusprige Schnittfläche mit einer quer halbierten Knoblauchzehe gut eingerieben. Und jetzt *„abbondante",* also verschwenderisch, mit Olivenöl begießen. Wenig Salz darüberstreuen, mit ein paar Umdrehungen der Pfeffermühle ist die *bruschetta* vollkommen. Natürlich läßt sich das Brot im Toaster rösten – aber es fehlt dann eben die feine Spur Rauchgeschmack vom Reb-, Oliven- oder Zypressenholz im Kamin. *Bruschetta* ist ein köstlicher Begleiter für Chianti, für Brunello, Vino nobile oder Carmignano.

Fichi canditi alla buona contadina

Kandierte Feigen nach Art der guten Bäuerin

Im späten Sommer und Herbst reifen am Rande der Weinberge, auf den Terrassen und an den alten Natursteinmauern von Scheunen und Wohnhäusern auf gut mannshohen Bäumen die Feigen. Vom Feigenblatt zum Bedecken der paradiesischen Blöße hat jeder schon gehört. Aber kaum einer weiß, daß die eßbaren Früchte nur auf weiblichen Bäumen wachsen und in der Nähe immer ein männlicher Baum stehen muß. Denn nur die Gallwespe, die ihre Eier bevorzugt in die Blütenbecher männlicher Blüten legt, kann die Bestäubung für die Fruchtbildung vornehmen. Diese existenznotwendige Lebensgemeinschaft zwischen Feigenbaum und Gallwespe gehört zu den großen Wundern der Natur. Kandierte Feigen werden von der Bäuerin nach dem Brotbacken im Holzbackofen zubereitet.

*10–12 Feigen, 6 EL brauner Zucker,
2 EL Honig, Saft von 1/2 Zitrone,
Schale von 1/2 Zitrone, 1 Gläschen Vin Santo*

Die Feigen schälen und halbieren. In eine feuerfeste Form eine dünne Schicht Zucker (3 EL) und den Honig verteilen. Darauf die Feigen in die Form legen, den restlichen Zukker darüberstreuen und den Zitronensaft darauf verteilen. Im vorgeheizten Backofen bei 180° C (Gas Stufe 2) eine gute halbe Stunde backen. Ehe der Zucker karamelisiert, mit dem Vin Santo übergießen und mit der dünn geschnittenen Zitronenschale überstreuen. Ist der Vin Santo verdampft, die Feigen in der Form gut auskühlen lassen und kalt servieren.

Focaccia

Fladenbrot

Gar keine Frage: Am besten schmeckt die *focaccia* aus dem Holzbackofen. Wenn er nach stundenlangem Feuern mit Reb- und Olivenholz die richtige Oberhitze für das Brot hat, wird mit dem dünnen Fladenteig die zu scharfe Unterhitze des Ofens abgebacken. Deshalb heißen die Fladenbrote, die es wahrscheinlich seit Jahrtausenden bei allen Bauernvölkern gibt, zuweilen auch Hitzkuchen. Sie sind eine Art Pizza. Die Bauern belegen sie mit Quark, mit Tomaten, mit Zwiebeln oder nur mit Öl und etwas Salz als Vesper für den Weinberg oder aufs Feld. Unser Rezept gelingt auch im Küchenbackherd. Wichtig ist das Vorheizen des Herds und daß lange genug gebacken wird. Es ist eine gute Beilage zu allen geschmorten Braten vom Hasen, Wildschwein.

500 g Weizen- oder Weizenvollkorn-Mehl, 20 g Hefe (1/2 Würfel), 1 Prise Zucker, knapp 1/4 Liter Wasser, 2 EL Olivenöl für den Teig, 6 EL Olivenöl für die Fladen, grobes Meersalz

Das Mehl in eine Keramikschüssel sieben. In eine Kuhle die in etwas lauwarmem Wasser aufgelöste Hefe und eine Prise Zucker hineingießen und mit wenig Mehl einen Teig anrühren. Eine halbe Stunde in der Wärme zugedeckt gehen lassen. Dann den Teig mit dem Olivenöl und dem restlichen Wasser gut verarbeiten und geschmeidig kneten. 2–3 Stunden gehen lassen. Aus den Teigstücken ohne Wellholz etwa 1/2 cm starke dünne Fladen mit den Händen formen. Noch einmal 1/2 Stunde gehen lassen. Mit den Fingerspitzen Vertiefungen in den Fladen drücken. Wenig salzen und üppig mit Olivenöl bestreichen oder begießen. Im vorgeheizten Backofen bei 200° C (Gas Stufe 3) in etwa 25–35 Minuten goldbraun backen.

Insalata di cantarelli e tartufi bianchi

Pfifferling-Trüffel-Salat

In Wirklichkeit heißt dieser Salat *Insalata di ovuli e tartufi bianchi.* Aber *ovuli,* Kaiserlinge oder Kaiserwülstlinge (Amanita caesarea), sind bei uns fast nicht zu finden. Und da sich frische Pilze schlecht transportieren lassen, meinen wir, der Pfifferling unserer Wälder wäre ein „fast" angemessener Ersatz für die seltenen Kaiserlinge.

300 g Pfifferlinge, 1 weißer Trüffel, walnußgroß, 3 EL Olio di Oliva Extra Vergine, 2 TL milder, echter Rotweinessig oder 2 TL Aceto balsamico, grob gestoßener schwarzer Pfeffer.
Nach Belieben: 50 g Parmesankäse

Die Pfifferlinge säubern, am besten nicht waschen, sondern abpinseln und Bodenstücke abschneiden. Die größeren Pilze halbieren, kleinere ganz lassen. Der feste Biß ist sehr appetitlich. Aus dem Olivenöl, Essig und Pfeffer ein Salatdressing sehr vorsichtig mischen und über die Pilze verteilen. Darauf wird der weiße Trüffel gehobelt und, wer es mag, gibt noch hauchdünne Scheibchen Parmesankäse dazu.

Lombo di maiale con ramerino

Rosmarin-Lende vom Schwein

Schweinelende ist die noch zartere und feinere Art der *arista.* Daher muß sie auch schneller gebraten werden, damit sie immer noch zart und saftig bleibt. Beim scharfen, raschen Braten oder Grillieren dienen die festgebundenen Rosmarinzweige als Schutz vor dem Verbrennen und als ausgezeichnetes Gewürz. Durch sein ätherisches Öl, das sich sehr gut mit dem Schweinefett verbindet, seine Gerb- und Bitterstoffe regt Rosmarin den Appetit an und regelt die Absonderung der Magensäfte. Kurz, Rosmarin sorgt für bessere Verträglichkeit.

4 Knoblauchzehen, frisch gemahlener weißer Pfeffer, abgeriebene Schale von 1 Zitrone, Salz, 1 ganze Schweinelende, 4 Rosmarinzweige, 4 EL Olivenöl

Die Knoblauchzehen mit der Breitseite des Kochmessers zerdrücken, mit Pfeffer, abgeriebener Zitronenschale und Salz eine Paste anmischen. Damit die Lende gut bestreichen und etwa 1 Stunde einziehen lassen. Entlang der Lende die Rosmarinzweige mit Küchengarn festbinden. Mit wenig Olivenöl in einer Pfanne oder einem Bräter zuerst scharf, dann bei geringer Hitzezufuhr maximal 1/2 Stunde braten. Aus der Pfanne nehmen und auf einem Holzbrett 5 Minuten ruhen lassen, so daß sich der Fleischsaft verteilen kann. Die Rosmarinzweige entfernen und die Lende in herzhafte Scheiben schneiden.

Grüner Spargel paßt sehr gut dazu.

Manzo in umido

Geschmorter Rinderbraten

In den höheren Lagen der Toskana gibt es keine Milchwirtschaft, deshalb finden wir in unseren Rezepten auch kaum Butter, Sahne oder Frischmilchprodukte. Allein die Schafherden, die auf den kümmerlichen Grasweiden, meist von sardischen Hirten bewacht, ihr Futter suchen, erzeugen etwas Milch für Ricotta und Pecorino. Für Rinderherden gibt es in den heißen Sommern, wo alles Gras verdorrt ist, einfach zu wenig Futter. Das Rindfleisch kommt aus dem Chiana-Tal, von Arezzo südlich bis Chiusi. Dort weiden und wachsen die großrahmigen, ganz weißen Rinder, deren ausgereiftes Fleisch der köstlichen *„bistecca fiorentina"* Zartheit und Saftigkeit garantiert. Oder Sie verwenden Fleisch aus den Maremmen, von den urtümlich gehörnten Rindern, die dort gemeinsam mit Büffeln auf den weiten Flächen grasen.

800–1000 g Rindfleisch, Oberschale oder Schwanzstück, frisch gestoßener Pfeffer, 1/2 Tasse Olivenöl, 2 Knoblauchzehen, 4 Salbeiblätter, 1 Lorbeerblatt, 1/4 Liter alter Chianti, 1/8 Liter Fleischbrühe, etwas Butter, 1 Gläschen Grappa

Das Fleisch salzen und mit zur Hälfte weißem, zur Hälfte schwarzem Pfeffer bestreuen. In einer schweren gußeisernen Kasserolle das Öl heiß werden lassen, Knoblauchzehen, Salbei und Lorbeer zufügen. Im offenen Topf das Rindfleisch bei mäßiger Hitze und Wenden auf allen Seiten etwa 1 1/4 Stunden braten. Dann mit dem Wein übergießen, abdampfen lassen und noch eine Viertelstunde garen. Zum Schluß das Fleisch herausnehmen, den Bratensatz mit etwas Fleischbrühe auflösen, einkochen bis zur dickflüssigen Sauce, mit der Butter binden und mit etwas Grappa aromatisieren. Das Fleisch in Scheiben schneiden und mit der Bratensauce übergießen.

CASTELLO
DI QUERCETO
Chianti Classico
1985

Orata alla griglia

Gegrillte Goldbrasse

Ein schöner Fisch, dessen goldglänzendes Band zwischen den Augen schimmernd leuchtet und dessen beachtliche Zähne am steilen Kopfprofil beeindrucken. Die Römer hatten diesen herrlich farbigen Fisch des flachen Wassers der Venus geweiht und fütterten ihn, der Liebesgöttin zu Ehren, mit Austern und Krebsen. Auf den Fischmärkten des Mittelmeeres fällt er immer auf, durch die besondere Kopfform und die faszinierenden Farben. Sein festes Fleisch und der ausgezeichnete Geschmack machen ihn zum bevorzugten und heute natürlich auch teuren Speisefisch.

4 Goldbrassen zu je 250–300 g, 4 Knoblauchzehen, 1 kleine Zwiebel oder 2 Schalotten, 1 reichliche Handvoll Blattpetersilie, 3 EL Olivenöl, Saft von 2 Zitronen, 1 Glas trockener Weißwein, Salz, Pfeffer, 120 g Butter, 2 gehäufte EL Kapern, in Essig eingelegt.
Zum Garnieren: Zitronenspalten, Minze- oder Melisseblättchen

Die Goldbrassen schuppen, Flossen entfernen, ausnehmen und waschen.
Knoblauchzehen, Zwiebel und Blattpetersilie feinhacken. Zusammen mit Olivenöl, Zitronensaft, Weißwein, Salz und Pfeffer eine Marinade anrühren. Die Goldbrassen damit etwa eine Stunde marinieren. Dann die Marinade durch ein Sieb gießen und mit den festen Bestandteilen die Brassen füllen. Die Butter mit den grobgehackten Kapern gut verkneten und ebenfalls als Fülle verwenden. Die Fische auf einer geölten Alufolie etwa 20 Minuten unter den Grill des Backofens legen. Mit Zitronenspalten und Minze- oder Melisseblättchen anrichten.

Ossibuchi

Kalbshaxenscheiben

Das Geheimnis der zarten, saftigen, auf der Zunge zergehenden Haxenscheiben ist die ungewöhnlich lange Garzeit. *Ossibuchi* sind nichts für die schnelle Küche, aber vortrefflich zum Vorbereiten am Tag oder Abend vorher. Wenn das Fleisch noch fest am Markknochen haftet, ist dieses wunderbare Fleischgericht einfach noch nicht gar. Es dauert eben 2–2 1/2 Stunden.
Der Genuß wird vollkommen durch das aromadurchzogene Mark in den Knochen, das natürlich mitgegessen wird.

1 Zwiebel, 2 Karotten, 2 Stangen Staudensellerie, 1 Rosmarinzweig, 3 Zweige Blattpetersilie, 5 EL Olivenöl, Salz, Pfeffer, 4–6 große Kalbshaxenscheiben, von Ihrem Metzger gesägt, ca. 2 cm stark, 1/4–1/2 Liter guter Rotwein, 3 Saucentomaten, enthäutet und entkernt

Zwiebel, Karotten, Staudensellerie, Rosmarin und Blattpetersilie nicht zu fein hacken. In einer Kupfer- oder Steinzeugkasserolle das Olivenöl heiß werden lassen und die gesalzenen und gepfefferten Beinscheiben einlegen. Die gehackten Würzgemüse dazwischen streuen und bei lebhafter Hitze auf beiden Seiten anbraten. Dann etwa 1 1/2 Gläser Wein angießen und einkochen lassen. Jetzt die Hitze verringern, Topf zudecken und das Fleisch dann und wann wenden. Damit nichts anhängt, die Kasserolle am Stiel häufig etwas rütteln. Von Zeit zu Zeit etwas Wein angießen, gerade so viel, daß das Fleisch nicht anhängt. Dieses langsame Garen sollte gut 2 1/2 Stunden gehen. 20 Minuten vor Ende der Garzeit die in Stücke geschnittenen Saucentomaten und noch einmal Wein dazugeben. Breite Nudeln oder Risotto sind die richtige Beilage für Fleisch und Sauce.

Pane co'Santi

Allerheiligen-Brot

Dieser pikante „Pfefferkuchen" öffnet den Gaumen für volle und schwere Chiantis.

1 kg Weizenmehl oder Weizenvollkornmehl, 2 Würfel Hefe (zu je 40 g), 1 Prise Zucker, 1 TL Salz, 400 g Walnüsse, grob gehackt, 4 EL Olivenöl, 1 EL Schweineschmalz, 400 g Sultaninen, 1/2 Liter lauwarmes Wasser, 1 Schuß Grappa, 200 g Zucker, 15 g schwarzer Pfeffer, grob geschrotet oder im Mörser gestoßen, frisch geriebene Schale von 2 Zitronen, 1 Eiweiß zum Bestreichen des Brotes, 100 g Haselnüsse, grob gehackt

Das Mehl in eine Schüssel sieben. In die Mitte eine Vertiefung eindrücken. Dorthinein die im lauwarmen Wasser aufgelöste Hefe mit der Prise Zucker geben. Mit wenig Mehl und Salz verrühren und die Oberfläche mit Mehl bestäuben. Schüssel mit einem Küchentuch abdecken und den Vorteig 20 Minuten gehen lassen. Die grob gehackten Walnüsse in Olivenöl mit Schweineschmalz anrösten und auskühlen lassen. 300 g Sultaninen in warmem Wasser mit einem Schuß Grappa einweichen. Dann gut abtropfen. Walnüsse mit Öl und Schmalz, Zucker, Sultaninen, Pfeffer und Zitronenschale mit dem Teig mehrmals kräftig durchkneten. Bei Zimmerwärme, zugedeckt mit einem frischen Küchentuch, 2–3 Stunden gehen lassen.

Aus dem Teig 2 runde Laibe formen, mit Mehl bestäuben und noch einmal 1 Stunde gehen lassen. Zum Schluß die Brote mit Eiweiß bestreichen und mit gehackten Haselnüssen und den zurückbehaltenen Sultaninen bestreuen. Im vorgeheizten Backofen bei 200° C (Gas Stufe 3) 40–50 Minuten backen. Ein Schüsselchen Wasser im Backofen läßt den Teig besser aufgehen und weniger austrocknen.

LITRO

Panzanella

Brotsalat

Panzanella ist das sommerliche „Fertiggericht“ der Bauern – Brot, Gemüse und Olivenöl alles gemeinsam in einem Gericht. Morgens, vor der Arbeit im Weinberg oder Olivenhain, konnte die Panzanella vorbereitet und dann mitgenommen werden. Sie ist auch heute noch ein herrliches Sommergericht und gut geeignet, altgewordenes Brot zu verwerten. Wer will, kann „seine“ Panzanella noch üppiger machen mit gehackten, hartgekochten Eiern, Sardellen oder Thunfisch.

Wir halten uns an das klassische, sommerlich-leichte toskanische Rezept.

750 g altbackenes Weißbrot, 2 große rote Zwiebeln, 4 Salattomaten (noch fest), 2 Stangen Staudensellerie, 1 Gurke, 15–20 Basilikumblätter, Salz, Pfeffer, 1/2 Tasse Olivenöl, 3–4 EL Weinessig

Das Weißbrot in kleine Stücke teilen, mit Wasser befeuchten. Wenn es gut durchgeweicht ist, kräftig ausdrücken und zerpflücken. Dann in eine Salatschüssel geben. Zwiebeln, Tomaten, Staudensellerie und die geschälte Gurke in kleine Stücke schneiden. Von der Hälfte des Basilikums die Blättchen mit den Fingern kleiner zupfen (beim Schneiden verliert er sonst seinen aromatischen Duft). Salzen und mit viel frischgemahlenem Pfeffer würzen. Das Olivenöl darübergießen. Für 3–4 Stunden kühlstellen. Vor dem Servieren den Weinessig untermischen, mit den restlichen Basilikumblättern das Aroma verfeinern und nachwürzen. Kühl servieren.

Zum Trinken Wein erst nach der *panzanella* reichen. Der Essig stört sonst sein Aroma.

DI VOLPAIA
Ulive
di Volpaia
pressate a freddo
OLIO EXTRA

Pappa col pomodoro

Tomatenmus

Dieses Mus, das oft nicht ganz richtig „Suppe" genannt wird, gehört zu den ursprünglichen alten Gerichten in und um Siena. Das intensive Aroma verstärken noch ein paar *pomodori bombolini,* die kleinen kugelrunden Tomaten, von denen während Herbst und Winter ganze Zweige unter der Küchendecke oder am Kamin aufgehängt sind. Sanfter gewürzt, ist das Tomatenmus auch ein beliebtes Essen für Kinder.

1 Zwiebel, 1 Stange Staudensellerie, 1 Karotte, 4 Zehen Knoblauch, 100 g Olivenöl, 600 g vollreife Tomaten, 6 kleine Kirschtomaten (pomodori bombolini), *Salz, Pfeffer, 400 g altbackenes Graubrot, 1 Bund Basilikum, 4 Blätter Salbei*

Zwiebel, Staudensellerie, Karotte und Knoblauch feinschneiden und in einer Kasserolle mit Olivenöl goldgelb anrösten. Die geschälten, entkernten und halbierten Tomaten zugeben, salzen, pfeffern und 20 Minuten köcheln. Das Brot in kleinen Stücken rösten und zu den Tomaten geben. Dann mit etwa 3/4 Liter Wasser auffüllen und die abgezupften Basilikum- und Salbeiblätter darüberstreuen, gut durchrühren und noch einmal 5 Minuten kochen. Das Mus soll nicht zu suppig und nicht zu fest sein. Das läßt sich durch Zugabe von mehr oder weniger Wasser gut abstimmen. In tiefen Tellern anrichten. Obendrauf wird immer etwas Olivenöl mit dem Kännchen gegossen.

Pappa col pomodoro kann man warm oder kalt essen, sogar aufgewärmt schmeckt sie sehr gut.

Pappardelle sulla lepre

Nudelflecken mit Hasenragout

Dieses Gericht bietet eingesessenen Toskanern immer Grund zur Diskussion. Zum einen, heißt es *alla* oder *sulla lepre?* Es heißt, wie glaubhaft versichert wird, *sulla.* Und das, obwohl die sehr breiten Nudeln nicht auf dem Hasenragout liegen. Zum zweiten: in den *alimentari* gibt es Pappardelle fertig als *Pasta asciutta* (trockene Nudeln) in Packungen, ca. 2–3 cm breit. Aber besonders bei Pappardelle, so unsere toskanischen Freunde, müsse man die Liebe und Zuwendung des Selbermachens schmecken. Und wenn sie nicht mindestens 5 cm breit und handgemacht seien, dann, ja dann wären es eben keine Pappardelle. Also, schon *tipico toscano!*

Nudeln von 500 g griffigem Weizenmehl, nach dem Rezept von Seite 37, 1 Zwiebel, 2 Karotten, 1 Stange Sellerie, 6 EL Olivenöl, 1/2 junger Wildhase, Herz, Leber und Lunge des Hasen, Petersilie, 2 Blatt Salbei, 2 Stengel Thymian, Salz, Pfeffer, 5 Würztomaten (kleine runde bombolini*), 4 Lorbeerblätter, 1/2 Liter Fleischbrühe, 1/8 Liter alter Chianti, frisch geriebener Pecorino*

Die Nudeln vorbereiten. Gemüse kleinhacken und in Olivenöl anrösten. Herz und Fleisch des Hasen grob-, die Lunge feinwürfeln. Mit dem Röstgemüse 6 Minuten braten, Kräuter feinhacken, Salz und Pfeffer zugeben und dann mit etwas Chianti ablöschen. Jetzt die enthäuteten, entkernten Tomaten und die Lorbeerblätter in den Topf geben. Etwa 1 1/2 Stunden köcheln lassen, dabei dampft viel Flüssigkeit ab. Dann die feingeschnittene Hasenleber zufügen. Am Schluß noch 1 Glas Chianti angießen und die Sauce mit etwas Butter binden. Das Hasenragout auf den gerade gekochten Nudelflecken schichtweise anrichten. Mit geriebenem Pecorino bestreuen.

Paste con tre sughi

Teigwaren mit drei verschiedenen Saucen

500 g Ravioli (siehe Rezept S. 160), 25 g frische Butter, 15–20 Salbeiblätter

Die gekochten Ravioli auf weißen Tellern anrichten, die Butter schmelzen und die Salbeiblätter darin braten. Die Butter darf nicht braun werden. Butter über die Ravioli gießen, Salbei darauflegen.

500 g Saucentomaten, 1 Karotte, 1 Stange Staudensellerie, einige Basilikumblätter, Salz, Pfeffer, 2 Knoblauchzehen, 2 mittelgroße Zwiebeln, 6 EL Olivenöl, 300 g Tortellini

Tomaten kleinschneiden, Würzgemüse sehr fein hacken, mit Basilikum, Salz und Pfeffer etwa 30 Minuten köcheln. Die feingeschnittenen Knoblauchzehen und die Zwiebeln in einer zweiten Kasserolle in Öl anbraten, Gemüse dazugeben, nochmals 15 Minuten kochen, salzen und pfeffern. Tortellini *al dente* garen, mit der Tomatensauce anrichten.

2 Knoblauchzehen, 2 Zwiebeln, 1 Karotte, 6 EL Olivenöl, 500 g Wildschwein (Schulter), 2 Blatt Salbei, 2 Zweige Rosmarin, 2 Lorbeerblätter, 6 Wacholderbeeren, 2 Glas Chianti, 1/2 Liter Gemüsebrühe, 5 Würztomaten, Salz, Pfeffer, 400 g Bavettine *oder* Pappardelle

Feingehackten Knoblauch, Zwiebeln und Karotte in Öl anrösten. Das sehr fein geschnittene Fleisch zugeben, ebenso alle Gewürze. Nach dem Anbraten mit Chianti und Gemüsebrühe ablöschen, 30 Minuten köcheln lassen. Nach 20 Minuten gehäutete und entkernte Tomaten kleinschneiden und dazugeben, salzen und pfeffern, mit den Nudeln anrichten.

Patate con salvia o ramerino

Salbei- oder Rosmarin-Bratkartoffeln

Aus zwei einfachen, natürlichen Produkten, guten Kartoffeln, Olivenöl und dem passenden Gewürz wird schnell eine delikate Beilage oder ein ganzes Essen. Das Aroma der Gewürze verbindet sich besonders gut mit dem Olivenöl, weil die ätherischen Öle von Rosmarin und Salbei sich leicht auf das Olivenöl übertragen, das seinerseits den Kartoffeln den Duft von südlichem Sommer und Natur vermittelt.

1 kg rohe Kartoffeln, 8 EL Olivenöl, 1 Zweig Rosmarin (Nadeln vom Zweig abstreifen) oder 8 Blätter Salbei, grob geschnitten, Salz, Pfeffer

Die Kartoffeln schälen und in Würfel oder Spalten schneiden. Olivenöl am besten in einer schmiedeeisernen Pfanne mit Rosmarin oder Salbei heiß werden lassen. Kartoffelstücke salzen, pfeffern und in die Pfanne geben. Erst nach etwa 5 Minuten mit der Bratschaufel zum ersten Mal wenden. Nur so kann die Kruste entstehen. Wieder Geduld mit dem Wenden, nach etwa 15–20 Minuten und drei- bis viermaligem Umdrehen sind die aromatischen Bratkartoffeln bißfest gar. Mit frischen Tomaten ist das ein komplettes Essen.

Peperonata

Paprikagemüse

Peperonata ist ein klassisches Mischgemüse aus Paprikaschoten, Zwiebeln und Tomaten. Heute werden oft noch Zucchini, Auberginen und zuweilen sogar Gurken verwendet. Das ist dann eigentlich ein Ratatouille aus der Provence. Die echte toskanische Peperonata besteht aus den drei zuerst genannten Gemüsen. Sie kann warm oder kalt gegessen werden. Aber die beste Kombination ist ein saftiges, mageres Stück Siedfleisch, kochendheiß aus dem Sud, kombiniert mit warmer Peperonata.

1 kg Paprika, rot, grün oder gelb,
500 g Zwiebeln, 500 g Tomaten,
6 EL Olivenöl, Salz, 1 TL Zucker

Die halbierte Paprika von Stiel und Kernhaus befreien und in Streifen schneiden. Die Zwiebeln, geachtelt oder in Scheiben geschnitten, im Olivenöl Farbe ziehen lassen. Die Tomaten enthäuten, entkernen und in größere Stücke geteilt zugeben, ebenso die Paprikastreifen, salzen. Die Gemüse zum Kochen bringen, dann die Hitze zurücknehmen und bei leichter Hitze und geschlossenem Deckel langsam köcheln lassen. Von Zeit zu Zeit mit einem Holzlöffel umrühren. Wenn die Gemüse gar, aber noch bißfest sind, mit etwas Zucker abrunden, durchrühren und anrichten.

Pinzimonio

Zarte Salatgemüse in gewürztem Olivenöl

Im Frühling, Sommer und Herbst, solange frische Gemüse im Garten wachsen, ist das eine köstlich-erfrischende Vorspeise. Auch die Augen essen mit bei diesem knackigen Rohkost-Genuß.

Alle Gemüse und Salate, die sich zum Rohessen eignen, sind richtig für Pinzimonio, z. B.

Staudensellerie, toskanische Artischocken, Rettiche, Frühlingszwiebeln, Fenchelknollen, Paprika, Gurken, Chicoree, Zucchini, Olivenöl Extra Vergine, Salz, Pfeffer

Die Gemüse werden gewaschen und in schmale, längliche Stücke geschnitten.

An jedem Platz steht ein kleines Schälchen. Olivenöl, Salz, am besten Meersalz, und ein Hauch Pfeffer werden darin gut verrührt. Und jetzt die Gemüse nach Wahl mit den Fingern ins gewürzte Öl getaucht, Bissen für Bissen. Ausnahmsweise wird dazu kein Brot gereicht. Wer will, kann sein Olivenöl mit wenigen Tropfen Weinessig herzhafter würzen. Aber vielleicht schmeckt reines Olio Extra Vergine, nur mit Pfeffer und Salz, doch feiner – und toskanischer.

Polenta

Das Grundrezept

Bereits im alten Rom hieß ein Getreidebrei, der für große Teile der Bevölkerung das Grundnahrungsmittel war (bei uns übrigens auch), *puls* oder *pulmentum.* Damals waren Hirse, Buchweizen, Dinkel und Gerste die Körnerlieferanten. Dann entdeckte der Genuese Kolumbus in der Neuen Welt den Mais. Über Spanien kam das *grano turco,* das türkische Korn, nach Italien, wurde zu Maisgrieß (*farina gialla* = gelbes Mehl) gemahlen und füllt seither als neutraler Kohlenhydratträger, gewürzt mit vielerlei Saucen und Ragouts, die hungrigen Mägen. Aus dem römischen *pulmentum* wurde die Polenta.

1,5 Liter Wasser,
1 EL grobes Salz (Meersalz),
400–500 g Maisgrieß

Das Wasser bis zum Kochen erhitzen und Salz zugeben. Dann den Maisgrieß ganz langsam unter ständigem Rühren ins Wasser rieseln lassen. Langsames Einrieseln und ständiges Rühren mit einem Holzlöffel sind wichtig. Es dürfen sich nämlich keine Knollen bilden, sonst müssen sie gleich an der Topfwand zerdrückt werden. Wenn der Maisgrieß eingerührt ist, Hitze zurückstellen und noch mindestens 40–45 Minuten rühren. Dann ein großes Brett, z.B. ein Backbrett, mit kaltem Wasser abspülen und in einem Fluß den Polenta-Brei ausgießen. Gleich servieren! Oder mit einem sauberen Küchentuch bedeckt auskühlen lassen. Polenta immer mit einem kräftigen, zwischen den Händen gespannten Faden schneiden.

Polenta del boscaiolo

Holzfäller-Polenta

Mit dem Wort *boscaiolo* ist es wie bei uns mit dem Wort „Jäger" vor dem Namen eines Gerichts: Es gehören immer Pilze dazu. Und in der Toskana am allerliebsten Steinpilze. Noch gibt es Steinpilze im unzugänglichen Dickicht der Wälder, in den Monti Chianti, in den Colline Metallifere und in den riesigen Wäldern vor den Maremmen. Wenn keine Steinpilze zu bekommen sind, passen auch Pfifferlinge, Maronenpilze, Braunkappen oder sogar die neugezüchteten Austernpilze – nur Champignons aus der Dose passen nicht. Stellen Sie sich einmal den Holzfäller im Wald mit der Konservendose vor!

1 Zwiebel, 1 salsicca *oder 2 Schweinswürstel,*
300 g frische Steinpilze oder Pfifferlinge,
1/8 Liter trockener Weißwein,
1/8 Liter Fleischbrühe, Salz, Pfeffer,
3 mittelgroße reife Tomaten, Pecorino

Polenta zubereiten (Grundrezept siehe S. 146). Die Zwiebel schneiden. In einer Pfanne mit dem Fleischbrät der Salsicca (natürlich ohne Haut) erhitzen, bis Zwiebel und Fleisch gut im Fett der Wurst geröstet sind. Die blättrig geschnittenen Pilze zugeben und mit dem Weißwein und der Fleischbrühe auffüllen. Mit Salz und Pfeffer würzen. Die geschälten und entkernten Tomaten zufügen und 15–20 Minuten köcheln lassen. Ganz heiß über die gerösteten Polentascheiben gießen und mit frisch geriebenem Pecorino überstreuen.

PECORA

Polenta del viticoltore

Weinbauern-Polenta

Das ist ein schnelles Gericht. Die Polenta ist vom Vortag, das Feuer im Kamin brennt immer und der *sugo* aus den *salcicce* kann rasch zubereitet werden. Während des Rebschneidens oder der Weinernte, wenn die ganze Familie hilft und wenig Zeit zum Kochen bleibt, gibt es Weinbauern-Polenta. Der Duft des Rebholzes, der beim Bräunen in die Polentascheiben zieht, ist wichtig.

4 Salsicce *oder 8 Schweinswürstel,*
1/4 Liter Chianti Classico,
8 Kirschtomaten (bombolini), *Salz, Pfeffer*

Polenta nach dem Grundrezept herstellen. Noch warm zu einer Rolle mit etwa 8–10 cm Durchmesser in einem Pergamentpapier formen. Nach dem Auskühlen davon Scheiben mit etwa 1 cm Stärke abschneiden und auf dem Grill über der Rebholzglut beidseitig bräunen. Jeweils eine Scheibe auf einem Teller anrichten.

Die Salsicce ohne Haut in einer Pfanne gut anbraten. Mit dem Chianti ablöschen. Wenn er etwas verdampft ist, die halbierten Kirschtomaten zugeben, salzen und pfeffern. Noch 10 Minuten köcheln, dann auf den gebräunten Polentascheiben anrichten.

CASTELLO DI VOLPAIA
Chianti Classico
12%vol. 75cl.
ALL'ORIGINE DAL PROPRIETARIO VITICOLTORE
DEL CASTELLO - RADDA IN CHIANTI - ITALIA

Pollo all'arrabbiata

Tolles Huhn

Das Huhn war nicht etwa verrückt, und es hatte auch nicht die Tollwut. Immer wenn ein Gericht durch die scharfen, schlanken Pepperonischoten oder Cayennepfeffer eine besonders feurige Geschmacksnote bekommt, heißt es *all'arrabbiata,* also zorniges, wütendes, tolles Huhn oder *penne all'arrabbiata,* scharfe Nudeln mit peperoncino als Saucengewürz. Das Huhn sollte ein *pollo ruspante* sein, ein Scharr-Huhn, das sich seine Nahrung auch im Freien suchen kann. In der Schweiz heißt so ein Tier „Mistkratzerli".

1 junges, aber ausgewachsenes Huhn, etwa 1 kg schwer, 2 Karotten, 3 Knoblauchzehen, 2 Selleriestangen, 1 Zwiebel, 6 EL Olivenöl, Salz, Pfeffer, 1/4 Liter Chianti Colli Senese, 1 Tasse selbst eingekochtes Tomatenmus mit Basilikum oder 5 EL Tomatenmark (ersatzweise), 1 kleiner Bund Blattpetersilie, 1 Zweig Oregano, 1/2 Pepperonischote

Das vorbereitete Huhn in mittelgroße Stücke zerlegen, säubern und mit Küchenkrepp trockentupfen. Alle Röstgemüse, Karotten, Knoblauch, Sellerie und Zwiebel, feinhacken und mit Olivenöl in einer gußeisernen Kachel anbraten. Das Hühnerfleisch salzen, pfeffern und mitbraten. Wenn es eine schöne, goldbraune Farbe hat, mit der Hälfte Rotwein ablöschen und in die typisch toskanische Hühnerkasserolle füllen. Dazu kommt das Tomatenmus, die grobgeschnittene Petersilie und der Oreganozweig. Im vorgeheizten Backofen bei 200–225°C (Gas Stufe 3–4) etwa 20 Minuten schmoren lassen. 5 Minuten vor Ende der Garzeit den restlichen Wein angießen, die feingeschnittene Pepperonischote zufügen, gut umrühren. In der Tonform auf den Tisch bringen.

Pollo, coniglio, agnello dorato

Knusprige Huhn-, Kaninchen- und Lammbissen

Für dieses typisch toskanische Festessen wird alles fritiert, was Stall und Garten bieten, und ebenso die Beilagen: Kartoffeln, Artischokken, Blumenkohl, Zucchini und Auberginen. Um wieviel schöner aber klingt der Zusatz *dorato* (goldfarben) als das anrüchige *aus der Fritüre!*

100 g Bries, 100 g Kalbshirn, 1/2 Huhn, 2 Kaninchenschlegel, 4 Lammkoteletts, 3 Eier, Salz, 150 g Mehl, Olivenöl für die Fritüre, 1 Zitrone, Gemüse als Beilage nach Belieben

Bries und Hirn blanchieren, dann enthäuten und in Scheiben schneiden. Das Huhn und die Kaninchenschlegel in mundgerechte Stücke zerlegen. Alle Knochensplitter im Fleisch entfernen. Die Lammkoteletts bleiben ganz. Alle Fleischstücke nur kurz waschen und abtrocknen. In einer Schüssel die Eier mit der Gabel aufschlagen und leicht salzen.

Mehl auf einen Teller schütten. Darin die Fleischstücke wenden und rasch durch die Eimasse ziehen. Sofort in das mäßig heiße Öl in der Fritüre geben. Zuerst bei milder, später bei lebhafter Hitze fritieren. Bei zu scharfer Hitze werden die Stücke innen nicht gar. Wenn sie außen sienabraun und krustig sind, mit dem Sieblöffel herausnehmen, auf Küchenkrepp abtropfen lassen und nur mit wenig Salz überstäuben. So kommt der delikate Eigengeschmack des Fleisches besonders gut zur Geltung.

Dazu gehören Zitronenspalten.

I SODI DI S. NICCOLO'
1983
Nº 05838
CASTELLARE

Pollo con olive nere

Huhn mit schwarzen Oliven

Wer auf dem Land in der Toskana Geflügel verspeist, schmeckt den Unterschied. Erstens sind die Bauernhühner immer freilaufende Hühner, deshalb ist die Muskulatur besser ausgebildet, das Fleisch ist kerniger, ohne zäh zu sein. Und zweitens werden die Hühner nicht zu früh geschlachtet. Das ist natürlich auch im Sinne der Bauern, denn das geschlachtete Tier bringt mehr auf die Waage. Schließlich haben wir im Topf nicht den sehr zarten Geschmack des Kükens, sondern reifes Fleisch mit ausgeprägtem Eigengeschmack.

1 junges, ausgewachsenes Huhn (1–1,2 kg),
Salz, Pfeffer, 3 EL Mehl, 1 große Zwiebel,
2 Knoblauchzehen, 1 Zweig Rosmarin,
5 EL Olivenöl, 1 Glas Weißwein,
2 EL Weißwein-Essig oder Estragon-Essig,
1 Tasse kleine schwarze Oliven

Das gerupfte, geflämmte und ausgenommene Huhn waschen und trockentupfen, dann zerlegen, salzen und pfeffern. Kurz in Mehl wenden, so daß nur ein leichter weißer Schleier über der Haut liegt. Die in Scheiben geschnittene Zwiebel, eine grob gehackte Knoblauchzehe und den Rosmarin in Olivenöl anbraten. Die Geflügelstücke zugeben und goldbraun braten.

Dann mit dem Weißwein übergießen und in der offenen Kasserolle eine Stunde köcheln. Kurz vor Ende der Garzeit den Essig sowie eine Mischung aus feingehacktem Rosmarin und dem restlichen Knoblauch zugeben. Die schwarzen Oliven über die Geflügelfleischstücke verteilen, noch einmal kurz erhitzen und ganz heiß auf den Tisch bringen.

Pollo ripieno arrosto

Gefülltes Brathuhn

Das gefüllte Huhn reicht für eine größere Familie. Und zum zarten Geschmack des Geflügelfleisches kommt der herzhafte von Schweinswurst, Schinken und Käse. Beides war sicher für die toskanischen Bauern ein wichtiger Grund, dieses alte ländliche Rezept zu erfinden. Wir haben es in den Colline Metallifere probiert.

1 ausgewachsenes, junges Huhn, küchenfertig etwa 1 kg, 200 g feingehacktes Kalbfleisch, 2 Salsicce, 100 g toskanischer luftgetrockneter Schinken, 80 g Parmesan-Käse, gerieben, 2 Eier, 4 EL süße Sahne, 3 EL Semmelbrösel, Salz, Pfeffer, Muskatnuß, 5 EL Olivenöl, 6 Salbeiblätter

Das ausgenommene Huhn von innen ganz entbeinen. In einer Schüssel das Kalbfleisch, die frischen Salsicce ohne Haut, den kleingeschnittenen Schinken, Eier, Semmelbrösel, Sahne und Parmesan gut verkneten und mit frisch geriebener Muskatnuß, Salz und Pfeffer pikant würzen. Mit dieser Masse das Huhn füllen und zunähen. Im Olivenöl mit den Salbeiblättern in etwa 1 1/4 Stunden bei 180–200°C (Gas Stufe 2–3) im Backofen garen. Das Huhn in Scheiben schneiden und auf einem Gemüsebett reichen.

Ravioli con spinaci e ricotta

Ravioli mit Spinat und Quark

Gut paßt dazu die herzhafte Nußsauce (Rezept S. 178).

Für den Teig: 500 g griffiges Weizenmehl, 1/2 TL Salz, 4–5 Eier, je nach Größe.
Für die Füllung: 1,5 kg Spinat, 300 g Ricotta oder Schichtkäse, 200 g frisch geriebener Pecorino, 100 g frisch geriebener Parmesan, 3 Eigelb, Salz, Pfeffer, Muskatnuß, etwas Olivenöl

Das Mehl aufs Backbrett häufen. In die Mitte eine Mulde eindrücken. Salz gleichmäßig über das Mehl streuen. In die Mulde die Eier aufschlagen und mit etwas Mehl verrühren. Dann mit den Händen aus den Zutaten einen festen, aber geschmeidigen Teig kneten. Abgedeckt etwa eine Viertelstunde ruhen lassen. Mit der langen Teigrolle immer zuerst längs, dann quer ausrollen. Bei jedem Drehen der Teigplatte das Nudelbrett mit Mehl bestäuben. Der Teig muß sehr dünn ausgerollt sein, es kann dazu auch die Nudelmaschine verwendet werden. Für die Füllung die groben Stiele des Spinats entfernen und gut waschen. Die feuchten Blätter in einer großen, flachen Kasserolle erhitzen und im eigenen Saft zusammenfallen lassen, salzen und weitere 5 Minuten dünsten, herausnehmen. Nach dem Auskühlen feinhacken. Mit Ricotta, Pecorino, Parmesan, Eigelb und den Gewürzen gut vermengen.

Vom Nudelteig 5 × 8 cm große Teigflecken ausradeln. Etwas außerhalb der Mitte einen Kaffeelöffel Spinat-Käse-Masse geben, die andere Teighälfte darüberfalten und am Rand festdrücken. Etwa 1 Stunde ruhen lassen. Salzwasser mit einem Eßlöffel Olivenöl bis zum Kochen erhitzen. Die Ravioli in 5–7 Minuten *„al dente“* garziehen lassen.

Risotto con carciofi

Artischocken-Risotto

Dieses Gericht stammt aus der Gegend von Siena, wo vor jedem Haus, in jedem Garten und vor allem in den kleinen Landgütchen vor der Stadt Artischocken wachsen. Je frischer, desto delikater der feinbittere Geschmack der Artischocke. Und so jung geerntet, müssen nur die äußeren harten Blätter entfernt werden – Heu innen gibt es nicht. Gerade geerntet, sind junge, kleine Artischocken so zart, daß sie auch roh, nur mit einem Hauch Salz und gutem Olivenöl, ein Frühjahrsgenuß sind.

Saft von 1 Zitrone, 12 junge Artischocken, 40 g Butter, 6 EL Olivenöl, Salz, schwarzer Pfeffer, 350 g Rundkorn-Reis, 1 Liter Gemüsebrühe, 50 g frisch geriebener Parmesankäse

Den Zitronensaft in eine mittelgroße Salatschüssel, halb voll mit Wasser, pressen. Die äußeren harten Blätter der Artischocken entfernen und die harten Blattspitzen kappen. Den Stielansatz schälen, dann in schmale Sektoren teilen und in das Zitronen-Wasser geben. So werden die Artischocken nicht schwarz und bleiben über einige Stunden frisch. Kurz vor dem Kochen läßt man sie in einem Sieb gut abtropfen. Butter und Olivenöl in einer Kasserolle erhitzen. Darin die Artischocken zugedeckt garen lassen. Salzen und pfeffern. Immer wieder mit einem hölzernen Kochlöffel umrühren. Nach 10 Minuten zuerst den Reis zugeben, kurze Zeit durchziehen lassen und dann etwa drei Viertel der Brühe angießen. Bei milder Hitze und mehrmaligem Durchrühren bißfest garen. Wenn der Risotto zu trocken erscheint, wieder heiße Brühe zugießen. Am Schluß den Käse unterziehen.

Risotto della Lunigiana

Lunigiana-Risotto

Vom Cisa-Paß, dem nordwestlichsten Zipfel der Toskana, gen Süden bis Carrara dehnt sich die Lunigiana von über 1000 m Höhe bis wenige Meter über dem Meer. Dort gibt es üppige Wälder und saftige Schafweiden.

1 Zwiebel, 6 EL Olivenöl, 350 g brauner Rundkorn-Reis (Naturreis), 1 Liter Gemüse- oder Fleischbrühe, 3 frische Salsicce (oder grobe Bauernbratwürste), 5 junge, kleine Artischocken, 300 g frische Stein- und Waldpilze (Pfifferlinge, Maronenpilze, Braunkappen), 250 g junge, frische Erbsen, feingehackte Nepitella oder in Deutschland Minze, 1/8 Liter Weißwein, etwas Butter, 3 EL frisch geriebener, reifer Pecorino oder Parmesan

Die Zwiebel feinschneiden. Die Hälfte davon mit 2 EL Olivenöl in einer Kasserolle goldfarbig anrösten. Darin den Reis eine kurze Weile Geschmack annehmen lassen und die Körner mit Olivenöl überziehen, dann mit 2–3 Kellen Brühe aufgießen und bei mäßiger Hitze garen.

In der Zwischenzeit mit wenig Olivenöl die enthäuteten Würste in einem großen Topf ausbraten. Von den kleinen Artischocken die harten Außenblätter entfernen, wenn nötig die Spitze etwas kappen, denn harte Artischockenblätter sind in dem garen Risotto einfach unangenehm. Dann vierteln und mit den blättrig geschnittenen Pilzen, der halben Zwiebel, den jungen Erbsen und der Minze in den Topf geben. Mit einer Schöpfkelle Brühe und wenig Weißwein köcheln lassen. Nach 8–10 Minuten auch den Reis in den großen Topf umgießen und gemeinsam vollends garen. Wenn der Risotto zu trocken wird, noch heißes Wasser zufügen. Etwas Butter und der Käse binden den Risotto und runden den Geschmack ab.

Risotto nero

Tintenfisch-Risotto

Obwohl Florenz am Arno liegt und nicht am Meer, ist das schwarze Risotto mit Tintenfischen ein typisches Florentiner Gericht – wenn aber Blattpetersilie, Basilikum und Tomatensoße noch mehr Würze zum Reis geben, ist es ein Rezept aus der Maremma. Wichtigster Bestandteil sind immer die Tintenfische. Sie müssen sehr sorgfältig gewaschen, Mittelknochen, Augen, Eingeweide und Maul entfernt werden. Ebenso die Tintenbeutel. Vorsicht, sie dürfen nicht platzen, wir brauchen sie am Schluß zum Färben des Risottos.

400 g Tintenfische, 2 Knoblauchzehen, 1 Zwiebel, 6 EL Olivenöl, 2 enthäutete, vollreife Saucentomaten (die länglichen), Salz, schwarzer Pfeffer, 300 g Natur-Rundkornreis, geriebener Parmesankäse (nach Belieben), 1 Liter Fischbrühe, 1/8 Liter Weißwein, etwas Butter

Tintenfisch waschen, dann Körper und Arme in schmale Streifen schneiden. Den feingeschnittenen Knoblauch und die Zwiebel in Olivenöl anrösten. Wenn sie eine goldene Farbe gezogen haben, den Tintenfisch und die grob zerteilten, entkernten Tomaten dazugeben. Salzen und pfeffern. Mit Weißwein ablöschen. Bei leiser Hitze schmoren. Damit nichts anhängt, dann und wann etwas Fischbrühe aufgießen. Etwa 1/2 Stunde schmoren lassen. Dann den Reis gut unterrühren, 1–2 Sepiabeutel aufschneiden und samt der braunschwarzen Tinte zugeben. Wieder Fischbrühe zugießen und den Reis in 20–25 Minuten bißfest garen. Etwas Butter macht den Risotto geschmeidiger und öffnet das Aroma.

Mercoledì 1 aprile 1987
OSCANA
SIENA

Risotto alla paesana

Risotto vom Garten der Bäuerin

Dies ist ein Grundrezept für Gemüsereis. Am schönsten und schmackhaftesten ist ein Gang durch den eigenen Garten, über den Wochenmarkt oder zum gut sortierten Stand der Gemüsefrau. Einfach sammeln oder einkaufen, was frisch ist, was Augen und Gaumen zum Kochen reizt. Alle Gemüse können ausgetauscht werden – und auch bei den Küchenkräutern haben Sie freie Hand in der Wahl, nach eigener Nase und Geschmack.

Zu diesem Risotto als Flüssigkeit keine Fleischbrühe, sondern einfach Wasser verwenden. So schmeckt dieser herrliche Garten-Risotto noch mehr nach Gemüse.

2 Zwiebeln, 2 Stangen Sellerie, 1 Karotte, 1/2 Tasse Olivenöl, 350 g vollreife Fleisch- oder Saucentomaten, 150 g Saubohnen, frisch, ohne Schalen, 300 g Rundkorn-Reis, Salz, Pfeffer, 150 g junge Erbsen (gerade aus der Schote gepult), 100 g grüne Bohnen, 3 Zucchini, 80 g Pecorino, 1 Bund Blattpetersilie, 10 Blätter Basilikum

Die Zwiebeln, Selleriestangen und die Karotte feinschneiden und in einem Keramik- oder Gußeisentopf mit dem Olivenöl anrösten. Sobald die Zwiebeln goldgelb sind, die enthäuteten und entkernten, grobgewürfelten Tomaten, die Saubohnen und den Reis zufügen. Salzen und pfeffern. Etwa 10 Minuten bei leiser Hitze köcheln, damit der Reis Aroma und Saft der Gemüse aufsaugt. Dann Erbsen, grüne Bohnen (in der Mitte gebrochen) und die Zucchini in Scheiben zufügen. 2–3 Tassen heißes Wasser angießen und den Reis quellen lassen, dabei immer wieder mit einem Holzkochlöffel umrühren. Nach einer weiteren Viertelstunde ist der Risotto gar. Vor dem Servieren den frisch geriebenen Pecorino sowie grobgehackte Blattpetersilie und Basilikumblätter darunterziehen.

Risotto profumato di bosco

Risotto mit Waldkräuter-Aroma

„Ich ging im Walde so für mich hin", läßt sich in der Toskana nicht so einfach verwirklichen. Die Wälder sind richtige Urwälder. Zwar sind die Stämme nicht so hoch wie in unseren Monokulturen, aber es sind immer Mischwälder mit üppigem, dichtem Unterholz, mit Pinien, Steineichen, Zerreichen, Zypressen, Erdbeerbäumen, Baumerika, Lorbeer und Kiefern. Dazwischen und darunter wachsen wohlriechende Wacholder, Zistrosen, Rosmarinbüsche, Quendel und Thymian. Unser Risotto duftet wie der leise Hauch, der nach einem heißen Tag abends voller Aroma aus dem Wald strömt.

350 g ungeschälter Naturreis, 1 Zwiebel, 2 Knoblauchzehen, 50 g Schlehen, 6 Wacholderbeeren, 1/2 Tasse Olivenöl, 3 Salbeiblätter, 2 Lorbeerblätter, 1 große Tomate, 50 g Pinienkerne, 1/4 Pepperonischote, 1 Liter Gemüsebrühe

Den Reis im Salzwasser *al dente* kochen. Die geschnittene Zwiebel und die feingehackten Knoblauchzehen, Schlehen und die zerdrückten Wacholderbeeren im Olivenöl rösten. Salbei- und Lorbeerblätter, die geschälte und entkernte Tomate, Pinienkerne und feingeschnittene Pepperoni am Schluß zufügen. Darin den trockenen, gekochten Reis gut wenden. Schließlich die Gemüsebrühe zugeben und noch einmal gut heiß werden lassen. Mit lange gereiftem, geriebenem Pecorino bestreut servieren.

Ein Vino nobile aus Montepulciano oder ein Carmignano vereinigen den Duft des Waldes mit dem Duft des reifen Weines.

1982
NONESI

Risotto sull'ortica

Risotto auf Brennesseln

Brennesseln sind bei uns und in der Toskana fast überall auf stickstoffreichen Böden zu finden. Sie sind ein außerordentlich aromatisches Gemüse, und wer sie gerne ißt, muß deshalb nicht gleich im härenen Gewand und Bart als Reformköstler oder Alternativer herumlaufen. Zum Pflücken schützt man die Hände durch Gummihandschuhe. Man verwendet nur die Spitzen der Brennesseln, die noch nicht blühen sollten. Nach dem Überbrühen oder Kochen stechen die feinen Brennhaare nicht mehr. Das Essen ist also ein reiner Genuß und völlig ungefährlich.

1 reichliches Büschel Brennesselspitzen, 2 Zwiebeln, 6 EL Öl, 350 g Reis, Salz, Pfeffer, 1/2 Liter Hühnerbrühe, 60 g frisch geriebener Parmesan

Die Zwiebeln feinschneiden. In einer Kasserolle mit etwas Öl Farbe nehmen lassen. Die Brennesseln waschen und die Stiele entfernen. Die schmal geschnittenen Blätter mit den Zwiebeln bei zugedecktem Topf kurz andünsten. Den Reis, 1 Liter heißes Wasser, Salz und Pfeffer zugeben. Häufig umrühren, damit der Reis nicht anhängt. Etwa 20 Minuten in geschlossenem Topf kochen lassen und immer wieder etwas heiße Hühnerbrühe angießen. Den Risotto ganz heiß auf den kurz blanchierten Brennesselblättern anrichten. Mit dem frisch geriebenen Parmesan bestreuen. Dazu paßt ein aromatischer Weißwein, z. B. Bianco di Pitigliano.

Salsa d'agresto

Trauben-Sauce

Diese Sauce hat eine lange Tradition und war früher, fast wie heute Zitrone, eine Möglichkeit, ein Gericht sauer zu würzen. Dazu werden nur unreife Trauben verwendet. Der daraus entstehende essigsaure Most bekommt, genau wie der *aceto balsamico* von Modena, eine süß-aromatische Note. *Salsa d'agresto* wurde in den Chianti-Weingütern im Herbst hergestellt, ehe die Trauben reif und die Walnüsse schon eingesammelt waren. Sie hielt sich während des ganzen Winters.

20 Mandeln, 20 Walnüsse, 2 Handvoll unreife Trauben, ohne Stiele, die Hälfte von Malvasia- (weiß), die andere Hälfte von Cannaiolo-Reben (rot), 1/2 Zwiebel, 1 Bund Blattpetersilie, 1/2 Zehe Knoblauch, 4 EL weiche Weißbrotkrume, 2 EL Rotwein-Essig, 2 EL Honig, 3 EL Fleischbrühe, Salz, grob gestoßener schwarzer Pfeffer

In kochendem Wasser die Mandeln aufquellen lassen und schälen. Die feine bittere Haut der frischen Walnüsse abziehen. Die Trauben, die Zwiebel, die Petersilie, den Knoblauch, die Mandeln und Nüsse mittelfein hacken. Die Brotkrume mit dem Essig befeuchten. Alles gemeinsam mit Honig, Salz und Pfeffer in einen größeren Marmor-Mörser einfüllen und so lange mit dem Pistill bearbeiten, bis eine gleichmäßige Paste entsteht. In einer Keramik-Kasserolle etwa 10 Minuten ganz leise erhitzen, nicht kochen und mit wenig Fleischbrühe auf die richtige breiig-flüssige Konsistenz verdünnen. Dann durch ein Haarsieb passieren. Gut auskühlen lassen und kalt zu gekochtem und gegrilltem Fleisch anbieten. Wir schlagen Lammkeule vom Grill vor.

Mit Olivenöl bedeckt, hält sich der Saucenvorrat über viele Monate.

Salsa di dragoncello

Estragon-Sauce

Estragon ist ein üppig duftendes Würzkraut aus der Familie der Wermutgewächse. Als frische Pflanze wird es heute hauptsächlich in der Provinz Siena verwendet, speziell in dieser Sauce. Vielleicht wurde die Pflanze durch Karl den Großen eingeführt, über den Frankenweg und einen karolingischen Stützpunkt, das Kloster von St. Antimo, dessen durchscheinend-leuchtende Mauern zum Teil aus schimmerndem Onyx aufgerichtet wurden. Der italienische Name *dragoncello* soll von der volkstümlichen Bezeichnung „sangue di drago", „Drachenblut", für den intensiv duftenden, adstringierenden Saft aus den frischen Blättern stammen.

Estragon-Sauce schmeckt frisch-pikant zu gekochtem Rind- oder Geflügelfleisch.

40 g weiche Weißbrotkrume, 2 EL Weinessig, 1 Bund Estragon, 3 Zehen Knoblauch, Salz, 1 Tasse Olivenöl

Die Weißbrotkrume mit dem Weinessig befeuchten. Nach dem Säubern (nicht mit Wasser waschen) die Estragonstengel entblättern. Die lanzettförmigen Blätter mit dem Knoblauch fein wiegen und in eine Steingutschüssel geben. Dazu fügen wir die ausgedrückte Weißbrotkrume, mischen gut und passieren durch ein Sieb. In der Schüssel wird diese Essenz gesalzen und mit einem Holzlöffel unter stetigem Rühren mit dem Olivenöl zu einer homogenen Sauce vereint. Diese Estragon-Sauce sollte kühl aufbewahrt werden.

Salsa di noci

Nuß-Genuß-Sauce

Das Rezept stammt aus Siena und ist schon viele Jahrhunderte alt. Minuccio Cappelli vom Weingut und Restaurant Montagliari hat es wieder ausgegraben und serviert die delikate Sauce nach seiner Art. Und natürlich ist er schlau genug, das Rezept keinem so ganz genau zu verraten. Deshalb gibt es vielerlei Variationen – und alle sind sehr gut. Wir haben die hier aufgeschriebene in der Toskana mit italienischen Freunden ausprobiert. Paolo meinte, sie wäre *„molto medievale"*, sehr mittelalterlich. Für einen Senesen ist das ein großes Kompliment. Vielleicht entdecken Sie beim Ausprobieren noch eine neue Variante. Verraten Sie uns dann Ihr Rezept?

200 g Walnußkerne, 100 g Pinienkerne,
50 g frisch geriebener, gut gereifter Parmesan,
50 g frisch geriebener, mittelalter Pecorino,
20 Basilikumblätter, 6 EL süße Sahne,
Olivenöl, Salz, Pfeffer, grob gemahlen

Alles im Marmormörser der Reihe nach zerstoßen und gut zu einer homogenen, cremigen Paste verarbeiten. Am Schluß mit sehr gutem Olio Extra Vergine auffüllen, damit die Sauce etwas geschmeidiger und cremiger wird, salzen und pfeffern. Genuß-Sauce nennen wir sie, weil mit ihr zarte Ravioli, Agnolotti, Tortellini oder auch deftige Pappardelle zu einem besonderen Genuß werden.
Übrigens: Wer es eilig hat, kann zum Zerkleinern und Mischen auch den Mixer nehmen. Wir ziehen den Marmormörser vor.

Sformato di spinaci

Spinat-Auflauf

Aufläufe von Gemüsen, von Spinat, Mangold, Rüben, von Blumenkohl sind eine beliebte Beilage zu Kaninchen, Huhn oder Wild – und sie sehen sehr dekorativ aus. Diese *sformati* können in feuerfestem Glas oder in Pudding- oder Kuchenformen aus Kupfer im Wasserbad gegart werden. Der gestürzte Auflauf wird dann einfach in dicke Scheiben geschnitten und mit der aromatischen Sauce des Fleisches serviert.

1,5 kg frischer Spinat, 75 g Butter, 75 g Mehl, 1/4 Liter süße Sahne, Salz, Pfeffer, frisch geriebene Muskatnuß, 4 Eigelb, 200 g Pecorino, 4 Eiweiß (aufgeschlagen zu Eischnee), 2 EL Semmelbrösel

Den Spinat waschen und entstielen. Nur im anhängenden Wasser in einem großen Topf dämpfen, bis er zusammenfällt. Herausnehmen, auf einem Durchschlag abtropfen lassen und auf dem Küchenbrett mit dem großen Kochmesser feinhacken.

In einer pasenden Kasserolle die Butter schmelzen, darin das Mehl ganz hell anschwitzen und mit der Sahne ablöschen. Schnell glattrühren und 2 Minuten köcheln lassen. Den Spinat unterziehen, würzen mit Pfeffer, Salz und Muskatnuß. Etwas abkühlen lassen, dann die 4 Eigelb und den feingeriebenen Pecorino einrühren und den Eischnee vorsichtig unterheben.

Die Glas- oder Kupferform buttern, mit Semmelbröseln gleichmäßig ausstreuen und die Masse nur bis zu 3/4 Höhe der Form einfüllen. Den Backofen auf 200°C (Gas Stufe 3) vorheizen. Die Bratenpfanne einschieben und etwa 2 cm hoch Wasser einfüllen. Ins heiße Wasser die Form stellen und den Auflauf in 30–40 Minuten garen.

Aus der Form stürzen und zu Tisch bringen.

Spaghetti aglio, olio e peperoncino

Pikante Spaghetti

Ein spartanisch einfaches und schnelles Gericht aus der toskanischen Maremma. Das ist die Landschaft in der Provinz Grosseto, entlang dem Tyrrhenischen Meer. Bis in die dreißiger Jahre dieses Jahrhunderts war sie versumpft und bitterarmes Malarialand *(maremma amara)*. Die Landarbeiter dort erfanden aus den Produkten der Landwirtschaft, Korn für Spaghetti, Öl von den Oliven, ein bescheidenes, aber delikates Alltagsgericht. Heute dagegen blüht in der Maremma die Landwirtschaft auf dem fruchtbaren Schwemmboden. Noch immer sind unsere Spaghetti eine strenge Prüfung für die Qualität des Olivenöls. Denn davon hängt es ab, ob sie delikat schmecken.

400 g Spaghetti oder die feineren Spaghettini, 3 Knoblauchzehen, 1/2 Tasse Olio d'Oliva Extra Vergine, 1 Bund Petersilie, 1 Pepperonischote

Die Spaghetti in Salzwasser *al dente* kochen. Inzwischen die Knoblauchzehen in feine Scheibchen schneiden und im mäßig heißen Olivenöl goldbraun werden lassen. Das Öl darf nicht rauchen und sich nicht dunkel färben! Die Petersilie und die Pepperonischote feinhacken und zufügen.

Die Spaghetti abgießen, in eine vorgewärmte Schüssel geben und mit dem gewürzten Olivenöl gut mischen. Ist das Öl gut, schmeckt es köstlich. Junger Chianti oder Governo besänftigt das Feuer der *peperoncini* auf der Zunge.

Spaghetti con frutti di mare al cartoccio

Spaghetti mit Meeresfrüchten aus dem Pergament

Das ist eine Überraschung: Auf einer Platte wird ein Paket aus Alufolie oder Pergament am Tisch serviert. Es wird geöffnet, Duft strömt heraus und reizt zum Zugreifen.

350 g frutti di mare *(Krabben, Krebse, Tintenfische, verschiedene Muschelarten, Garnelen und Fische), 2 Knoblauchzehen, 1 mittelgroße Zwiebel, 8 EL Olivenöl, 5 vollreife, längliche Saucentomaten, 1 Bund glattblättrige Petersilie, 5 Basilikumblätter, Meersalz, weißer Pfeffer, 350 g Spaghettini (sehr feine Spaghetti), 1 Glas Weißwein (Vernaccia)*

Die Meeresfrüchte in Meer- oder Salzwasser waschen und vorbereiten, z.B. Eingeweide, Tintenbeutel entfernen und in etwa gleich große Stücke teilen. Den geschnittenen Knoblauch und die Zwiebel in Olivenöl anrösten. Saucentomaten enthäuten und entkernen, grob würfeln und mitbraten. Mit Petersilie, Basilikum, Salz und weißem Pfeffer würzen. Die vorbereiteten Meeresfrüchte darin 10–12 Minuten köcheln lassen.

Inzwischen in Salzwasser mit einem Schuß Olivenöl die Spaghettini kurz kochen, damit sie sehr bißfest bleiben.

Große Stücke Butterbrotpapier ausbreiten, mit einem Backpinsel mit Öl bestreichen. Abwechselnd eine Lage Spaghettini und eine Schicht Meeresfrüchte in Tomatensauce darauf schichten, mit einem Spritzer Vernaccia befeuchten und gut verschließen. Im vorgeheizten Backofen bei 225°C (Gas Stufe 4) 12–15 Minuten auf dem Rost garen.

Servieren und das Paket erst am Tisch öffnen.

Sugo di carne alla Toscana

Toskanische Fleischsauce

Sie wird in jeder Familie nach einem anderen Geheimrezept gemacht und prägt den Grundgeschmack vieler Gerichte. Diese Fleischsauce ist Würze und Grundlage für viele andere Ragouts und Saucen. Deshalb ist es wichtig, dafür sehr gutes Fleisch und *frische* Tomaten zu verwenden und nicht zu lange zu kochen.

400 g mageres Rindfleisch vom Brustspitz oder von der Hüfte, 1 Zwiebel, 1 Karotte, 1 Stange Staudensellerie, 2 Stengel Basilikum, 1/2 Tasse Olivenöl, 1 EL Knochenmark, 6 Tomaten, Salz, Pfeffer, 20 g getrocknete Steinpilze, etwas Fleischbrühe

Das Rindfleisch in dünne Scheiben schneiden und Zwiebel, Karotte, Sellerie und Basilikumblätter feinhacken. Diese Würzgemüse in einer Tonkasserolle in Olivenöl und Knochenmark etwa 15 Minuten anrösten. Die Fleischscheiben, die geschälten und entkernten Tomaten und Salz und Pfeffer zufügen. 15 Minuten bei geschlossenem Deckel köcheln lassen. Die Pilze in etwas warmem Wasser einweichen. Das Fleisch herausnehmen und mit den ausgedrückten Pilzen feinhacken. Fleisch, Pilze mitsamt Einweichwasser sowie die Fleischbrühe in die Kasserolle zurückschütten und 30 Minuten bei offenem Topf und kleiner Hitze schmoren. Die Sauce für Teigwaren oder als sehr gute Grundlage für andere Saucen verwenden.

Tagliatelle al burro e panna con tartufi

Getrüffelte Butter-Rahm-Nudeln

Hausgemachte Nudeln mit wenig Butter und reichlich Rahm sind nach meinem Dafürhalten die schönste Art, weiße toskanische Trüffeln zu genießen. Es gibt zwar raffiniertere Rezepte und alle schmecken köstlich, aber den schmalen breiten Nudeln, Tagliatelle genannt, gebührt der Preis. Jeden Herbst können wir ihn auskosten, mit weißen Trüffeln aus Alba im Piemont, zu astronomischen Preisen. In der Toskana gibt es Tagliatelle mit Trüffeln im Restaurant *„da Serafino"*, kurz vor Siena, von Monteriggione kommend. Und natürlich zu Hause oder bei toskanischen Freunden, die diesen selbstgehobenen Schatz (1987 kostete 1 kg ca. 1800 DM) lächelnd an ihre Freunde verteilen, für eine gemeinsame Trüffel-Orgie.

500 g hausgemachte Tagliatelle, Salz,
150 g Butter, 125 g frische, süße Sahne,
60 g mittelalter Pecorino,
4 EL heiße Fleischbrühe, Muskatnuß,
1 weißer Trüffel, feingehobelt

Die hausgemachten Nudeln in sprudelndem Salzwasser al dente garen.
Die Butter gerade schmelzen, aber nicht weiter erhitzen. Mit der frischen Sahne gut vermischen und den geriebenen Pecorino unterziehen. Die Nudeln abseihen, in eine vorgewärmte Schüssel füllen. Mit heißer Fleischbrühe übergießen und die Sahne-Butter-Käse-Mischung unterziehen. Zum Schluß mit frisch gemahlener Muskatnuß und weißem Pfeffer würzen. Die Nudelportion auf dem Teller mit dem darauf gehobelten Trüffel krönen.

1980
VINO DA TAVOLA
750 ml ℮
ITALIA

Triglie alla livornese

Rotbarben Livorneser Art

Bei der Rotbarbe ist „fangfrisch“ das Wichtigste. Außerdem unterscheiden die Livornesen sorgfältig zwischen Rotbarben von den Klippen und denen aus der tiefen See. Die höchste Wertschätzung genießen Rotbarben von den Klippen *(Mullus surmuletus)*. Sie sind von einem lebhaften, metallischen Rot, haben festes Fleisch und schmecken, 150–200 g schwer, vorzüglich auf Livorneser Art. Mit diesem Gewicht heißen sie auch *„gadolle“*.

8–10 Rotbarben, 4 Knoblauchzehen, 1 Stange Staudensellerie, Blattpetersilie, 500 g Saucentomaten, 1/2 Tasse Olivenöl, Salz, Pfeffer, Basilikum

Die Rotbarben ausnehmen und in Salzwasser waschen. Die Knoblauchzehen, Staudensellerie und Blattpetersilie nicht zu fein hacken. Die Tomaten enthäuten, vom Kernhaus befreien und in größere Stücke schneiden. In einer ganz flachen Kupfer- oder Keramikkasserolle ein paar Eßlöffel Olivenöl auf kleiner Flamme erhitzen, Knoblauch, Sellerie und die Hälfte Petersilie darin anrösten. Wenn die Knoblauchstücke goldfarbig werden, die Tomaten dazugeben, salzen und pfeffern. Etwa 15 Minuten köcheln lassen.

In einer Pfanne mit reichlich Olivenöl die gut abgetrockneten Rotbarben beidseitig anbraten. Nach 3–5 Minuten vorsichtig herausnehmen und in die Tomatensauce legen. Noch 5 Minuten in der Sauce ziehen lassen, mit der restlichen Petersilie bestreuen und heiß anrichten. Wir reichen zu dieser Spezialität aus Livorno nur Weißbrot, das sich mit der aromatischen Sauce vollsaugt. Sie sollte nicht durchpassiert werden, so bleibt sie kräftig und hat mehr Charakter. Ein paar Blätter Basilikum geben dem Gericht den feinen Duft.

Trippa fiorentina

Kutteln nach Florentiner Art

Kutteln sind eine Delikatesse, wenn sie richtig zubereitet sind und nicht zu lange gekocht werden. Am besten schmecken die hellen vom Kalb, und noch zarter sind sie vom Lamm. Verständlich, daß sie in einer Landschaft der Bauern und Gärtner besonders gerne gegessen werden. In Florenz kann man an Kiosken Kutteln auf Brötchen kaufen wie anderswo heiße Würstchen.

1 kg Kutteln (Kaldaunen), gekocht, 1 Zwiebel, 1 Stange Staudensellerie, 2 Karotten, 1 Tasse Olivenöl, 3 reife Tomaten, Salz, Pfeffer, 100 g frisch geriebener Parmesankäse oder Pecorino

Die Kutteln in feine Streifen schneiden. Zwiebel, Staudensellerie und Karotten würfeln und in Olivenöl 15 Minuten anbraten. Dazu geben wir die Kuttelstreifen und lassen sie etwa 10 Minuten bei leiser Hitze goldfarbig rösten. Die Tomaten werden kurz in kochendheißes Wasser getaucht, so läßt sich die Haut leicht abziehen. Vierteln und entkernen. Zusammen mit den Kutteln in der Kasserolle salzen, pfeffern und mit etwas frischem Olivenöl 15–20 Minuten köcheln. Vorsicht, zu langes Kochen läßt die Kutteln breiig weich werden, mit kernigem Biß schmecken sie besser. Topf vom Herd ziehen. Das saftige Gericht in eine Kasserolle füllen, mit frisch geriebenem Parmesan bestreuen und mit Weißbrot heiß auf den Tisch bringen. Chianti Classico dazu macht den Genuß vollkommen.

ITALIA

Zabaione sulla macedonia

Zabaione auf Fruchtsalat

Wenn es alle frischen Früchte gibt, wenn der Markt oder der Karren des Obsthändlers schon von weitem nach reifen Aprikosen und Pfirsichen duftet, bereiten wir nach unserem Rezept ein betörendes Dessert. Die kühle Frische und Saftigkeit der Früchte harmonieren mit der cremigen, lauwarmen Zabaione, die hier mit trockenem Vin Santo aus dem Chianti oder aus Montalcino aufgeschlagen wird.

Für den Fruchtsalat: verschiedene Früchte der Saison, 3 EL Zucker, Saft von 1 Zitrone.
Für die Zabaione: 5 Eigelb, 1 Tasse Zucker, etwas Vanille aus der Schale, abgeriebene Zitronenschale, 1/4 Liter Vin Santo

Die gewaschenen Früchte schälen (Orangen, Äpfel, Birnen, Aprikosen, Pfirsiche) und in mundgerechte Stücke schneiden. Das geschälte Obst schmeckt saftiger und delikater. Mit Zucker überstreuen und den Zitronensaft zugießen. Kühl, aber nicht zu kühl, etwa 1–2 Stunden ziehen lassen.
Die Eigelb und den Zucker mit einem elastischen Schneebesen so lange rühren, bis beide Bestandteile sich zu einer cremigen Masse verbinden. Die abgeriebene Zitronenschale zufügen. Von jetzt ab im Wasserbad weiterarbeiten. Vorsichtig den Vin Santo in kleinen Mengen unterschlagen. Dann das Wasserbad erhitzen und ständig mit dem Schneebesen weiterschlagen, bis die Zabaione schaumiglocker anzieht und fester wird. Sie muß noch gut vom Schneebesen ablaufen. Sofort vom Wasserbad nehmen, in eine Sauciere gießen und noch lauwarm zum gekühlten Fruchtsalat reichen.

Zuppa di baccalà

Pisaner Klippfisch

Baccalà ist aufgeschnittener, gesalzener und leicht getrockneter Kabeljau, also Klippfisch. *Stoccafisso* ist auch Kabeljau, aber stärker an der Sonne getrocknet, also Stockfisch. Baccalà kann man freitags in toskanischen Lebensmittelgeschäften bereits gewässert und eingeweicht kaufen. Sonst muß es zu Hause für eine Nacht geschehen.

2 Zehen Knoblauch, 2 Karotten, 1 Bund Blattpetersilie, 1/2 Pepperonischote, 4 EL Olivenöl, 3 reife Tomaten, 1 Glas trockener Weißwein, 1 Messerspitze schwarzer Pfeffer, 500 g Klippfisch, gewässert, 300 g altbackenes Weißbrot

Knoblauchzehen, Karotten, Petersilie und Pepperoni kleinhacken und in Olivenöl anbraten. Die Tomaten schälen, das Kernhaus entfernen. Tomaten in den Topf geben. Nach wenigen Minuten mit dem Weißwein ablöschen, aufschäumen lassen, etwas reduzieren und später mit 3/4 Liter Wasser auffüllen. Pfeffer zufügen. Zugedeckt etwa 1 Stunde bei mäßiger Hitze garen. In diese würzige Tomatensauce den in mundgerechte Stücke geschnittenen Klippfisch hineinlegen. Bei kleinster Flamme 1/2 Stunde ziehen lassen. Brot in Scheiben schneiden, im Ofen rösten.
In einer Schüssel den *baccalà* und die delikate Sauce auf dem Brot anrichten.

Zuppa di lenticchie reale

Königliches Linsenpüree

Nicht weil es ein König besonders gern gegessen hätte, nein, nur weil es mit königlichem Wild, dem Fasan, zubereitet ist, hat dieses Gericht seinen edlen Namen. Es gibt auch einfache Linsenpürees, aber Wild und besonders Fasan ist eine hochgeliebte toskanische Leidenschaft. Deshalb haben wir es ausgewählt.

300 g Linsen, 1 Fasan, gerupft und ausgenommen, mit Speck eingebunden, 150 g Butter, 1/2 Tasse Olivenöl, 1 Zwiebel, 2 Karotten, 1 Stange Staudensellerie, 3 Stengel Blattpetersilie, 1 Blatt Lorbeer, 1 Stengel Nepitella oder Berg-Bohnenkraut, 1/2 TL grob gestoßener, weißer Pfeffer, Salz, 1/4 Liter trockener Weißwein

Die Linsen etwa 4 Stunden einweichen und dann in reichlich Salzwasser bißfest garen. Den Fasan in 1/2 Butter, 1/2 Olivenöl 30 Minuten unter Wenden braten, dann aus der Reine nehmen. Den Bratensatz am Boden der Reine mit einem Stück Butter auflösen und die feingeschnittenen Würzgemüse, Zwiebel, Karotten und Sellerie darin eine Weile dünsten. Blattpetersilie, Lorbeer, Nepitella, Linsen und den zerlegten Fasan zufügen. Salzen und pfeffern. Den Wein aufgießen und 20 Minuten bei kleiner Hitze schmoren. Jetzt werden die Fasanteile herausgenommen, entbeint und zusammen mit den Gewürzen mit dem großen Kochmesser in kleine Stücke gehackt. Die Linsen durch ein Sieb passieren und wieder mit dem Fasan vermengen. Ein Stück Butter verbindet alles cremig.

Sollte das Püree noch zu fest sein, wird es mit Fleischbrühe oder Wein etwas verlängert.

Zuppa di pane o ribollita

Brot-Gemüse-Suppe

Das ist die Standardsuppe der zentralen Toskana und der Maremmen. Der Konsistenz nach ist *zuppa* eher ein Mus mit vielen herzhaften Zutaten aus Haus und Garten. Die Gemüse können ausgetauscht werden mit denen, die zur Jahreszeit gehören. *Ribollita* heißt diese toskanische Spezialität, weil einmal ein großer Topf gekocht wird, der Rest wird aufgewärmt.

*300 g weiße Bohnen (*toscanelli *oder* cannellini*) gekocht und das Kochwasser, 2 Blätter Schwarzkohl (oder in Deutschland am besten Grünkohl), 1/4 Kopf Wirsing, 300–400 g vollreife Tomaten, 1 große Kartoffel, 1 rote Zwiebel, 1 Bund Küchenkräuter (Blattpetersilie, Basilikum, Salbei, Estragon), 2 Stangen Staudensellerie, 2 Karotten, Olivenöl, Salz, Pfeffer, 400 g Weißbrot vom Tag vorher*

Zuerst die Bohnenkerne kochen. Vom Schwarzkohl die Stiele, vom Wirsing den Strunk entfernen und in größere Stücke schneiden. Die Tomaten häuten und das Kernhaus herausnehmen. Die Kartoffel schälen und würfeln. Zwiebel, Küchenkräuter, Sellerie und Karotten feinschneiden und in einer großen Kasserolle mit Olivenöl anrösten. Dann die Tomaten, die Bohnen mit ihrem Kochwasser, die Kartoffel sowie Schwarzkohl und Wirsing zufügen. Eine gute Weile brodelnd kochen. Salzen, pfeffern, mit Wasser auffüllen und weiterköcheln lassen.
In einer irdenen Schüssel zwei Lagen feingeschnittene Brotscheibchen einschichten. Die Gemüse daraufschöpfen und zum Schluß, wenn sich das Brot vollgesaugt hat, noch ein bißchen Brühe darübergießen.

Die Rezepte nach Gruppen

Soweit in den Rezepten nichts anderes angegeben ist, sind die Zutaten für vier Personen berechnet.

Vorspeisen, Salate und Suppen

Saucen

Pasta, Polenta und Risotto

Fisch und Meerestiere

Wild und Geflügel

Fleischgerichte

Gemüse, sonstige Beilagen

Desserts, Likör, Gebäck

Die Rezepte alphabetisch

Die Toskana ist seit ein paar Jahren unsere zweite Heimat. Dort toskanisches Leben, auf dem Dorf, in den Familien, am Herd ursprüngliches toskanisches Essen zu entdecken, konnte nur mit Hilfe guter Freunde gelingen.

Bei der *nonna,* bei Paolo und Teresa Petri mit ihren Kindern, gehören wir zur Familie. Antonio und Gerda Grasso weckten mit tiefgründigen, nächtelangen Gesprächen und verständigem Wissen, auch der soziologischen und volkskundlichen Hintergründe, unsere Entdeckerlust. Nilo und Dina Salvatici sowie Lucilio und Nicla Secchi Tarugi öffneten viele Türen zu Bauernhäusern, Gütern, Klöstern und Palästen.

Ihre wunderbare Freundschaft schenkte Arbeitskraft und toskanische Lebensfreude. Ihnen allen widme ich dankbar dieses Buch.

Bildquellenverzeichnis

Hans Joachim Döbbelin 5, 18 l.o., 18 l.M., 19 r.o., 21, 23, 25, 28/29, 31, 32, 33, 35, 36/37 (alle), 38, 39 (beide), 41, 42, 44/45, 48, 51, 52–201
Harksheider Verlagsgesellschaft 10/11 (alle), 46
Erhard Hehl 14, 16/17, 18 u., 19 l.u., 19 Mitte, 27
laenderpress/Lessing 9
Sirius Bildarchiv/Günther Schmidt 2, 13, 19 r.u., 47
Verlagsarchiv 7